WILSON FRUNGILO JR.

LIVRE
PARA VOAR

ROMANCE

*Meus agradecimentos
ao amigo Domingos (Mingo) Dell'Acqua,
instrutor de vôo, e a todo o pessoal da
Ar Livre Escola de Parapente,
pelos vôos e aulas.*

O autor

Capa:
Daniel Archangelo

© 2002, Instituto de Difusão Espírita

2ª edição - 11º ao 20º milheiro – julho/2002

INSTITUTO DE DIFUSÃO ESPÍRITA
Av. Otto Barreto, 1067 - Caixa Postal 110
CEP 13602-970 - Araras - SP - Brasil
Fone (19) 541-0077 - Fax (19) 541-0966
C.G.C. (MF) 44.220.101/0001-43
Inscrição Estadual 182.010.405.118

IDE EDITORA É APENAS UM NOME FANTASIA UTILIZADO
PELO INSTITUTO DE DIFUSÃO ESPÍRITA,
O QUAL DETÉM OS DIREITOS AUTORAIS DESTA OBRA.

www.ide.org.br
e-mail: info@ide.org.br

FICHA CATALOGRÁFICA

(Preparada na Editora)

Frungilo Júnior, Wilson, 1949-

F9631   *Livre para voar* / Wilson Frungilo Júnior, Araras, SP, IDE, 2ª edição, 2002.

192 p.

ISBN 85-7341-292-5

1. Romance 2. Espiritismo. I. Título.

CDD-869.935
-133.9

Índices para catálogo sistemático:

1. Romance: Século 21: Literatura brasileira 869.935
2. Espiritismo 133.9

Índice

O medo 11
A voz 23
O parapente azul 33
O encontro 41
Algumas explicações 57
Romão e Emídio 71
A pipa 79
Novas elucidações 91
A grande experiência 105
Lembranças do passado 117
Lição com as aves 133
Efeitos físicos 149
No Centro Espírita 161
A reunião mediúnica 173
Livre para voar 187

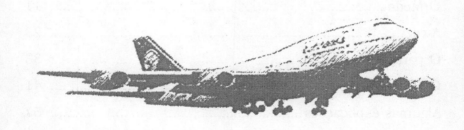

O medo

$\mathcal{B}$om dia, Eolo. Tudo bem? – cumprimenta seu Adalberto, entrando na loja de peças e acessórios para autos, de propriedade do primeiro. Junto dele, entra também na loja, um casal com idade aproximada de uns sessenta anos – Este é o senhor Gouveia, sobre quem lhe falei, e sua esposa, dona Maria Rita.

– Muito prazer – responde Eolo, moço de trinta e oito anos, estendendo a mão aos três – Mas, por favor, entrem aqui em meu escritório.

Dizendo isso, Eolo os introduz num cômodo que lhe serve como escritório particular. Trata-se de uma sala de cerca de dezessete metros quadrados, com uma escrivaninha, um grande armário, um sofá, duas poltronas e, espalhados pelas paredes, pôsteres e fotos com motivos relacionados a vôo livre, mais precisamente vôos com parapentes.

– Por favor, queiram sentar-se.

O casal senta-se no sofá, enquanto Eolo e Adalberto acomodam-se nas poltronas, situadas à frente do casal.

– É com isso que o senhor voa? – pergunta-lhe seu Gouveia, apontando para um dos pôsteres.

– Sim. Isso que o senhor vê aí chama-se parapente.

– O parapente, senhor Gouveia – explica Adalberto – como o senhor está vendo nessa foto, é uma espécie de pára-quedas de forma retangular e que, com a perícia do piloto consegue manter-se no ar por muito tempo como se fosse um planador. Para iniciar o vôo, decola de um morro, montanha ou outra elevação, diferentemente do pára-quedas onde o pára-quedista salta de um avião e desce até o solo. Estou certo, Eolo?

– Isso mesmo, Adalberto. Com esse aparato consegue-se voar, inclusive, por um espaço de muitos quilômetros, ficando horas no ar. Ele possui câmaras, verdadeiros gomos no tecido por onde entra o ar, inflando-o.

– Já vi isso na televisão – informa seu Gouveia.

– Bem, Eolo, como já lhe havia dito antes, o senhor Gouveia precisa viajar semana que vem. Ele e a esposa. Trata-se de uma viagem muito importante e a única maneira de realizá-la é de avião.

– Sim...

– O problema é que ambos têm muito medo desse tipo de transporte. Na verdade, nunca viajaram de avião e encontram-se apavorados, não é, seu Gouveia?

– Muito – confirma o homem, meneando a cabeça e parecendo bastante nervoso, assim como sua esposa.

– Foi então –, continua Adalberto – que tive a idéia de trazê-los para conversar com você. Disse-lhes que poderia lhes falar alguma coisa a respeito do assunto "medo", pois além de voar, já ouvi uma palestra que você fez lá no clube sobre o medo e penso que suas palavras em muito poderão ajudá-los.

– Realmente, temos muito medo de avião, senhor Eolo, – confessa Gouveia – mas precisamos fazer essa viagem e estamos sofrendo muito por antecipação em vista desse acontecimento que, inevitavelmente, teremos que viver.

– Eu entendo, aliás, todos sentimos medo de alguma coisa, não é? Eu também sinto medo.

O senhor Gouveia e a esposa trocam olhares, parecendo não estarem entendendo aquela afirmação de Eolo. Este sorri e brinca:

— Mas o que é isso?! O Adalberto traz o senhor e a senhora até aqui para que eu lhes fale alguma coisa que os encoraje e eu digo que também sinto medo?! Aí vocês devem estar se perguntando: quem é essa pessoa que salta das alturas pendurado num pedaço de pano e diz que também sente medo? Será esse homem um louco?

O casal sorri com o tom brincalhão de Eolo, que continua, após pequena pausa:

— Todos sentimos medo, sim, e eu não sou nenhuma exceção, mas... falemos sobre ele... o que será o medo? Vamos começar por esse caminho, ou seja, vamos tentar definir o medo. O que é o medo? Penso que talvez seja uma sensação de que algo irá dar errado e que iremos sofrer com isso, não?

Eolo faz mais uma pausa, como se aguardasse uma resposta e continua:

— Ou seria a sensação que temos de que por sermos nós os protagonistas de algum acontecimento, ele acabará não dando certo? Ou seria, talvez, a projeção, para a nossa vida, de exemplos de erros que aconteceram e acontecem com os outros? Ou, simplesmente, uma sensação de falta de confiança no futuro? Seria, talvez, o não querer sofrer? O que vocês acham?

— Acredito — diz seu Gouveia -, que seja tudo isso. Realmente, creio que seja tudo isso e mais um pouco.

— Pois é o que eu penso também — diz Eolo — E esse medo nos torna infelizes porque deixamos de realizar muitos sonhos na vida apenas porque o sentimos, não é mesmo?

— Mas não estamos certos em nos preocuparmos com o futuro, com o nosso futuro e com o futuro daqueles a quem muito amamos? — pergunta a mulher.

— Estamos certos, sim, mas preocupar-se não significa, necessariamente, sentir medo. Devemos ter como sinônimo de preocupação, a precaução. E precavermo-nos não nos obriga a sentir medo.

— Como assim? – pergunta novamente a mulher.

Eolo pensa um pouco e retoma:

— Vou tentar exemplificar. Eu, por exemplo, tenho duas filhas, uma com treze anos de idade e outra com onze. Não devo preocupar-me com o futuro delas? É evidente que sim, pois as amo muito e desejo o melhor para elas. Quero que estudem, que tenham um bom marido, filhos, e que sejam felizes. E o que tenho realizado para isso? Não sou um homem perfeito e, por conseguinte, não sou um pai perfeito, mas tenho feito todo o possível profissionalmente, para garantir o estudo delas. Temos feito o possível também, eu e minha esposa, para que tenham uma educação com muito amor, carinho e compreensão, para que tenham no futuro, um bom discernimento para analisar e bem escolher seus futuros maridos. Essa é a minha preocupação, mas não posso permitir que o medo de que tudo isso não venha a ocorrer, atrapalhe a minha vida a ponto, talvez, de impedir-me de fazer o necessário para proporcionar-lhes o que desejo, o que anseio para elas. Entenderam?

— Continue... – pede o homem.

— Mas e se com o passar dos anos, algo vier a dar errado e eu não conseguir esse meu intento? Vou sofrer? Vou, sim, mas com a consciência tranqüila de quem tudo fez, de quem não mediu esforços, de quem muito trabalhou, de quem muito batalhou e de quem, por tudo isso, irá recomeçar tudo de novo, se necessário for. E, também, consciente de que minhas filhas irão entender e aceitar porque eu também as preparo para essa eventualidade, eu as preparo para ter esses pensamentos. Além do mais, conhecem os pais que têm e que tudo procuram fazer por elas. E se hoje me sinto contente em estar fazendo o que faço, por que deixar de sentir essa satisfação, essa felicidade apenas pelo medo do futuro? Não estou desdenhando o futuro e, sim, procurando não sentir nenhum temor ou medo dele. E ainda pergunto: será que tudo isso que faço significará, realmente, a felicidade de minhas filhas? Não sei. Faço tudo para que seja, mas o que é a felicidade? Não é a realização de nossos desejos?

O casal se entreolha e meneiam positivamente a cabeça.

– É. Realmente, é a realização de nossos desejos, mas será que todos temos os mesmos desejos, pelo menos, na intensidade? Penso que não. Vejam os senhores: um de meus anseios é que minhas filhas possam estudar. Mas por que sinto esse desejo? Sinto-o porque sei a sua dimensão, o seu grau de dificuldade e percebo-o como algo que não me é de todo impossível realizar. Mas e para alguém que ganha muito pouco e que sabe que dificilmente conseguiria isso para um filho? Talvez nem lhe passe esse desejo pela sua mente. Creio que seu desejo seja o de conseguir um bom emprego para esse filho e, talvez, já esteja até mais próximo de realizar esse sonho do que eu mesmo. E seria menos feliz por isso? Saibam que a felicidade para uma pessoa equilibrada é proporcional ao que prevê poder alcançar.

Eolo faz pequena pausa e continua:

– Muitas outras pessoas esperam para seus filhos um futuro mais brilhante como, por exemplo, o de que venham a ser grandes empresários porque sentem ser isso possível. E sentir-se-ão muito felizes se seus filhos conseguirem substituí-los à frente de suas empresas. Porventura passaria pela minha cabeça um desejo desse? É evidente que não porque não possuo nenhuma indústria ou grande empresa e nem vislumbro essa possibilidade. Vocês entendem o que estou querendo dizer?

Os presentes concordam, novamente.

– Muito bem. Isso tudo que lhes falei ainda não tem a conotação do medo que devo abordar nesta nossa conversação, haja vista que o medo a ser encarado é muito mais intenso, muito mais destrutivo. Trata-se daquele medo que nos oprime o peito, nos aperta a garganta, que nos descompassa o coração, que nos faz sentir mal e que, na maioria das vezes, nos entrava os passos e a própria vida. Mas o que vem a ser esse medo? Seria algo natural na vida de um homem? Pois podem ter a absoluta certeza de que é. É ele um dos grandes protetores de nossa vida. O medo é um dos grandes anjos da guarda do homem.

O casal olha para Eolo, interrogativamente e este continua:

— Parece um paradoxo o que estou dizendo, não? Mas raciocinemos: por que não colocamos as mãos no fogo? Simplesmente porque sabemos que ele pode queimar as nossas mãos e temos medo de sentir dor. E o que é o medo nesse caso? Nada além da certeza que temos de que algo, no caso, o fogo, pode nos prejudicar e fazer-nos sentir dor. Esse é um tipo de medo que poderíamos classificar como um medo benéfico. E sabemos também que temos que manter a nossa mente sempre límpida para podermos usufruir do benefício desse tipo de medo. Vou lhes dar um exemplo: será que uma mente embotada pelo álcool ou por qualquer outro tipo de droga, conseguiria sentir esse medo, esse alerta tão útil para a nossa vida? Acredito que não. Mas serão todos os medos benéficos? Também não. Existem medos prejudiciais à nossa vida. Eles também existem. E quais seriam eles?

Eolo faz pequena pausa e pergunta ao amigo:

— Você, Adalberto. Fale-nos do que mais sente medo, atualmente.

— Do que mais tenho medo? Deixe-me ver... creio que seja o de perder o meu emprego.

— Perder o emprego... bem, o do senhor, seu Gouveia, já sabemos que é o de viajar de avião.

— Sim, o meu maior medo e o de minha mulher.

— A senhora sente algum outro medo, dona Maria Rita?

— Sinto, sim. Sinto muito medo da morte.

— Muito bem. Analisemos, então, em primeiro lugar o medo de nosso amigo Adalberto, que é o de perder o emprego. Para muitas pessoas, atualmente, esse é o grande medo sempre a rondar-lhes o pensamento. Na verdade, já falamos algo a respeito quando falei do meu caso, de minhas duas filhas, do futuro delas. Agora, raciocinem comigo: esse é um tipo de medo que só acontece quando nos encontramos empregados, não é?

– Isso é verdade – responde seu Gouveia, sorrindo – E não poderia ser de outra maneira...

– Sim. Mas basta que percamos o emprego e esse medo não mais existirá porque a razão desse temor, a sua causa, não mais existe.

– Realmente o senhor tem razão, mas é certo que esse medo será substituído por um outro: o de não se conseguir um novo emprego.

– O senhor tem toda a razão, mas não pode imaginar, quando isso acontece, o tamanho da força que se instala no homem, o quanto ele aprende com isso. Possuo alguns amigos que passaram por essa dificuldade e conseguiram um novo emprego. Sabem por quê? Porque o medo de perder algo já conquistado é muito maior que o medo de não conseguir alcançar um intento e quando temos um medo diminuído, nos tornamos fortes, muito fortes, porque na diminuição de qualquer medo, sobrevém uma grande coragem.

– E o medo de não conseguir um novo emprego é realmente menor? – pergunta Adalberto?

– Já não é mais medo. Trata-se agora de uma preocupação.

– Será?

– Pode ter certeza, Adalberto: ninguém sente medo de não conquistar alguma coisa, porque se não o conseguir, conseguirá uma outra que a substitua. O que o homem tem medo é de perder o que já tem. E sabe qual o melhor caminho para se conseguir um emprego? Vou lhes dar a receita, pois como já disse, presenciei esse fato na pele de amigos meus. Só que essa receita terá que ser seguida por toda a nossa vida, antes mesmo de perdermos o emprego, entendem? Essa receita é bem simples e possui dois ingredientes: a bondade e a honestidade.

Isso mesmo. A bondade e a honestidade que agem como uma luz a se espalhar e que, quando nos tornamos tão necessitados quanto aqueles a quem ajudamos em nossa vida, essa luz retorna muito maior em nosso socorro. Adalberto, passe a observar mais as pessoas e chegará a essa conclusão. Observe e comprove. Muita gente prega o contrário, mas observe e comprovará que as pessoas boas sempre estão de bem com a vida. Também gostaria de dizer que como sofremos esse medo apenas quando estamos empregados, temos que nos conscientizar de que sofremos quando temos aquilo que mais queremos, quando, na verdade, deveríamos estar felizes. Não é verdade?

– Você tem razão – confirma o amigo.

– Agora, quanto ao medo de viajar de avião e o medo da morte, podemos chegar à conclusão de que o medo de viajar de avião, na verdade, é causado pelo próprio medo da morte.

– Medo da morte e do sofrimento que muitas vezes a precede – complementa a mulher.

– E não é pelo medo da morte que temos medo de viajar de avião, seu Gouveia, e dona Maria Rita?

– Sim – concordam os dois.

– Pois, então, vamos analisar agora, esse medo da morte, essa terrível desconhecida. Por que a tememos tanto, heim?

– Por que, como você mesmo acabou de dizer ela é uma terrível desconhecida.

– Isso mesmo. Porque, com exceção de raras pessoas que têm plena convicção do que pode ocorrer depois da morte, a grande maioria, apesar de seguir uma religião, não tem plena certeza e esse futuro lhes é um desconhecido. E todos tememos o desconhecido.

– E como podemos enfrentar esse medo, por exemplo, de viajar de avião? – pergunta seu Gouveia.

– Bem, em primeiro lugar, só viajamos de avião por força de uma necessidade ou quando queremos fazer um passeio e a única maneira é o transporte aéreo. E se temos que usar esse meio de transporte, por que temê-lo?

— Por que temê-lo? Ele pode cair — responde a senhora.

Eolo pensa um pouco nas palavras e responde:

— Sabem, apesar de não seguir fielmente nenhuma religião, eu acredito muito na existência de um Deus que nos criou, que criou tudo o que existe e confio muito Nele. E por esse motivo, não acredito no acaso.

— No acaso?

— Sim. Não acredito no acaso. Não consigo imaginar as coisas acontecendo por acaso, sem que tenhamos feito algo para que acontecesse. Acredito muito no destino.

— O senhor poderia se explicar melhor? — pergunta seu Gouveia, deveras interessado no rumo da conversa.

— Vejam bem: a menos que eu faça algo para modificar o meu destino, penso que ele é mais ou menos imutável. Por exemplo, se eu estiver destinado a morrer amanhã, não creio que se eu deixar de tomar um avião amanhã, eu possa mudar isso. Certamente morrerei amanhã de alguma outra forma. Apenas gostaria de dizer também que penso que se eu estiver predestinado a morrer daqui a trinta anos e, de repente, eu decidir arriscar a minha vida dirigindo em alta velocidade, completamente embriagado, posso, certamente, modificar esse meu destino. Da mesma maneira, posso apanhar um revólver e atirar contra a minha cabeça. Fora isso, não creio que eu vá fazer parte de um grupo de pessoas que venham a morrer num grande desastre se não tiver chegado a minha hora. Dessa maneira, por que temer? Por que sentir medo de algo do qual não podemos fugir, estando onde estivermos, viajando neste ou naquele meio de transporte?

— Estou começando a ficar mais tranqüilo, Eolo — diz seu Gouveia, sorrindo e olhando para a esposa que agora também sorri, parecendo mais aliviada também.

— Eu não poderia evitar de apanhar um avião, embarcar

num ônibus e este sofrer um acidente? Não podemos ter medo de nosso destino, do nosso futuro ou não conseguiremos viver o presente. O que penso que temos que fazer é tentarmos proporcionar a nós mesmos e a quem amamos um futuro cada vez melhor.

– O senhor acha mesmo que se tiver que nos acontecer algo, tanto faz viajarmos de avião ou de ônibus? – pergunta a mulher querendo se convencer mais sobre isso.

– Eu penso assim. Acho muito difícil entender e, pior ainda, tentar explicar, mas creio nisso porque penso que Deus nos criou para vivermos felizes e com uma missão, um trabalho a realizar aqui na Terra, cada qual à sua maneira e não podemos deixar que um sentimento tão nocivo impeça a nossa felicidade. E também tenho plena convicção de que tudo isso será possível à medida que procurarmos tornar feliz o nosso próximo porque não temos o direito de sermos felizes à custa da infelicidade alheia. Na verdade, nem chamaria isso de felicidade, mas de animalizada emoção.

– Nisso você tem toda a razão – concorda Adalberto –. E, então, seu Gouveia, ainda sente tanto medo de avião, depois dessas palavras de Eolo?

– Você foi muito feliz em nos trazer aqui, Adalberto. Eolo, realmente, possui uma maneira de ver a vida que chega a me convencer. Eu e minha esposa vamos raciocinar bastante a respeito desse assunto e tenho a certeza de que faremos tranqüilamente essa viagem.

– Fico muito contente com isso – diz Eolo.

– Apenas gostaria de lhe fazer uma pergunta que está a me martelar o pensamento – diz ainda seu Gouveia.

– Pode perguntar, meu amigo.

– Por tudo o que você falou, por tudo o que acredita, por que se arrisca tanto com esses vôos que faz?

Eolo sorri e responde:

– Esse tipo de esporte, seu Gouveia, não é tão arriscado quanto as pessoas imaginam. O que dá essa impressão de ser um esporte perigoso é o fato de que a maioria das pessoas têm medo de altura. Na verdade, existem atividades muito mais perigosas a nos cercarem no nosso dia-a-dia. No caso do parapente, desde que tomemos todas as precauções necessárias, o risco é muito menor do que, por exemplo, enfrentar o trânsito de muitas avenidas da capital ou, até mesmo, subir ou descer num elevador. Desde que tenhamos o bom senso de voar em condições meteorológicas e aerológicas favoráveis, desde que não queiramos ultrapassar os limites de segurança do aparelho, nada há que se temer. E na vida tudo também é assim. Temos que respeitar os limites em todas as nossas atitudes.

– É... também penso que em tudo que fazemos temos que conhecer e respeitar os nossos limites.

– Como lhe disse, perigos maiores nos cercam a todo o instante. Vou dar-lhe alguns exemplos: muitas pessoas arriscam a vida através do fumo e da bebida; outras, através do exagero gastronômico, comprometendo com isso o coração e outros órgãos. Quantos, então, por causa da vaidade, do orgulho, do egoísmo, da ambição desenfreada, chegam a morrer vítimas de um infarto, conseqüência do estresse que esses exageros lhes acarretam? E o que dizer daqueles que exageram na velocidade de seus automóveis, tanto na estrada como na via pública, arriscando a sua vida e a do próximo?

– O senhor tem razão.

– Creio também que a prática desse esporte venha a favorecer a aquisição de novos conhecimentos a respeito de outras formas de se voar porque, se bastante difundido e praticado, várias modalidades poderão surgir.

– O senhor acha que poderão descobrir, talvez, uma maneira de o homem vir a voar individualmente?

– Eu não posso afirmar nada, seu Gouveia, mas penso que muito há para ser descoberto ainda.

— E eu penso que já tomamos muito o tempo de Eolo — observa dona Maria Rita.

— Oh, sim — concorda seu Gouveia — Acho que temos que ir.

— Não tenham pressa — diz Eolo.

— Nós já vamos, sim — afirma o homem, levantando-se e despedindo-se com um aperto de mão — Muito obrigado, Eolo. Que Deus lhe pague. Tenho certeza de que depois desta nossa conversa, tudo será mais fácil para mim e para Maria Rita. Não perdi totalmente o medo, mas agora sei, como você mesmo disse, administrá-lo. Sei que venceremos. Não é, Maria Rita?

— Tenho certeza absoluta. Deus lhe pague por suas palavras, meu jovem. Deus lhe pague.

— Vamos, então — diz Adalberto, despedindo-se do amigo.

— Até outro dia — despede-se Eolo.

A voz

— Nada mais revigorante e um bálsamo para a alma do que uma tarde como esta – fala Eolo, consigo mesmo, voando em seu parapente, a cerca de oitocentos metros de altura – E esse pôr-do-sol chega a inebriar as mais íntimas fibras do ser. Quantas pessoas neste momento, não sabem o que estão perdendo... uma verdadeira obra-prima da natureza... e esse vento no rosto... esta sensação de liberdade... sinto-me como se fosse o dono de tudo isto... e por que não...? afinal de contas, ninguém é dono dos céus... e, ainda por cima, entro agora numa nova térmica... preciso aproveitá-la ao máximo para manter-me um pouco mais nesta altura... vou puxar um pouco mais para este lado... sim... para a direita... penso... vou entrar nela.

– Você está errado, "Lolô". O correto é puxar para a esquerda. Sinta o vento que lhe bate na face nesse lado.

– O quê?! Quem disse isso?! – exclama Eolo, mas obedecendo, quase que por instinto, aquela sugestão – O que será que está acontecendo comigo? Ouvindo vozes? Será algum tipo de alucinação? Mas aqui no céu? Já ouvi falar disso no mar, com mergulhadores...

Eolo olha para o lado e vê Haroldo a cerca de uns cem metros de distância, abaixo dele.

– Será que foi Haroldo quem falou comigo? Mas não seria possível ouvi-lo desta distância. Além do mais, ele se encontra bem abaixo de mim... e, realmente, quem me aconselhou a ir para a esquerda tinha plena razão. Peguei uma ótima térmica..., mas o que estou dizendo? Que alguém falou comigo? Não. Deve ter sido a minha imaginação ou, talvez, meu próprio subconsciente que pressentiu que eu deveria tomar essa decisão, apesar de conscientemente eu ter decidido o contrário. Será que existe isso? O subconsciente tomar uma decisão diferente da do consciente, a ponto de até exteriorizar-se tanto que chegamos a ouvi-lo? Bem... ainda existe a possibilidade de ter sido o Haroldo, mas... não... além do que ele não estaria me vendo.

Como o Sol já está se pondo, Eolo resolve descer e pousa leve e tranqüilamente no campo de pouso onde Haroldo e mais três companheiros o aguardam, pois já tinham descido.

– Muito bem, Eolo – comenta o amigo – Você deve ter pego uma boa térmica.

– Muito boa, mesmo. Somente desci por causa do horário.

– Também tive muita sorte.

– Escute, Haroldo. Você falou comigo lá em cima?

– Se eu falei com você?

– Sim... – responde Eolo, meio sem jeito com a pergunta.

– Não. Não falei com você. Além do mais, estava mais baixo. Não o estava vendo. Por quê?

– Por nada, não. Deve ter sido a minha imaginação.

– Imaginação?

– Sim. Será que existe a possibilidade de sermos acometidos por algum tipo de alucinação?

– Que eu saiba isso é coisa de mergulhadores, Eolo.

– Também acho, mas... é que...

– O que aconteceu? Você ouviu falarem com você?

— Mais ou menos isso. Deve ter sido o meu subconsciente.

— E o que você ouviu?

Eolo pensa um pouco e confessa:

— Sei que vai parecer incrível, mas percebendo que havia uma térmica, imaginei que deveria ir mais para a direita. Incontinenti, pareceu-me que uma voz sugeriu-me que fosse para a esquerda.

— Você ouviu uma voz? – pergunta Haroldo.

— Mas como se fosse uma voz, mesmo? – pergunta Caio, um outro dos amigos.

— Sim, uma voz. Cheguei a pensar que tivesse sido você, Haroldo, mas logo, dei-me conta que estava longe e abaixo de mim. Na verdade, nem estava me vendo.

— Certo...

— E daí? – pergunta Caio.

— Daí, fiz o que aquela voz havia me sugerido e, pasmem, apanhei a térmica.

— Você está ouvindo fantasmas, Eolo? – brinca Paulo, o outro companheiro.

— Não, não – responde – Como já disse, deve ter sido o meu próprio subconsciente que foi mais eficaz que o meu consciente.

— Só faltava essa, heim, Eolo? Um super subconsciente!

Todos riem e Eolo resolve não falar mais sobre o assunto, mesmo porque lhe parece agora um acontecimento muito distante, como se não conseguisse lembrar-se da intensidade com que aconteceu. Não sabe se foi realmente tão forte como se lembrara há poucos instantes. E procura não se preocupar mais com isso.

* * *

Eolo, profissionalmente, trabalha com venda de peças para automóveis e motocicletas, negócio que herdou do pai, falecido há quatro anos. Na verdade, já trabalhava com esse ramo desde os vinte e dois anos, quando formou-se em Administração de Empresas. Sua mãe falecera há dois anos. É casado com Nelma e tem duas filhas: Clarisse, com treze anos de idade e Beatriz, com onze. Vivem em confortável moradia num bairro próximo ao centro da cidade. Eolo é filho único e Nelma, além de uma irmã casada, ainda possui vivos seus pais e a cunhada, Amanda, viúva de seu irmão Geraldo que faleceu aos quarenta e dois anos, vitimado por um câncer que o deixou prostrado numa cama por longos oito meses. Eolo e Nelma vivem uma vida de invejável relacionamento afetivo a transparecer sempre pelos sorrisos de verdadeira felicidade e pela contagiante alegria das filhas.

– Estava com muita saudade – exclama Nelma com a chegada do marido em casa, enquanto Clarisse e Beatriz o abraçam.

– Nós também, papai. Como foi o vôo hoje?

– Foi muito bom. Foi muito bom, mesmo.

É domingo e já são sete horas da noite.

– E agora, papai? – pergunta Clarisse, com alegre brilho nos olhos.

– Agora...? Bem... agora papai vai tomar um bom banho e depois...

– Depois...? – pergunta Beatriz, enquanto Nelma acompanha o diálogo com um largo sorriso.

– Depois... depois... – brinca Eolo – Vamos todos sair e comer uma deliciosa pizza.

– Oba! Oba! – exclamam as meninas, apesar de já saberem de antemão para onde iriam, pois sempre que o pai volta de um vôo, leva-as a uma pizzaria.

– Vamos trocar de roupa enquanto você toma o seu banho, querido.

— Serei rápido.

Dizendo isso, Eolo vai para o banho enquanto Nelma e as filhas, alegremente, discutem sobre que roupa irão usar para sair.

* * *

— Eu quero com mussarela, papai — pede Beatriz.

— A minha, com quatro queijos — pede a outra.

— E você, Nelma?

— A que você escolher.

— Vamos fazer o seguinte: vamos pedir uma de mussarela e outra com quatro queijos. Isso para começar, não é, Clarisse? Não é, Beatriz?

— Isso mesmo, papai.

— E refrigerantes — completa a outra.

— E, então, querido? Conseguiu bom vôo?

— Sim, consegui fazer um vôo excelente.

— Eu ainda vou criar coragem e fazer um vôo duplo com você — diz Nelma, brincando, pois nunca teve coragem para isso, apesar de o marido praticar esse esporte há anos. Na verdade, tem medo de altura.

— Pode ter certeza de uma coisa, Nelma: o dia em que fizer isso, irá ser o primeiro de uma longa série de vôos. É muito difícil não se entusiasmar após uma prática, mesmo junto com alguém a pilotar.

— Imagino isso, mas a coragem... e, para falar a verdade, até que vôo bastante o dia inteiro com as nossas pequenas: comida, roupa, casa... — brinca Nelma.

— Isso é verdade, querida. Você voa mesmo.

— E você também dá um duro no trabalho.

– Sim, mas compensa, não é?

– Trabalho nunca matou ninguém. Muito pelo contrário – completa a mulher.

– Você tem toda a razão.

Nesse momento, chegam as pizzas e os refrigerantes.

– Hum... que fome! – exclama uma das meninas.

– Que cheiro... hum... – diz a outra, cerrando levemente os olhos e inspirando exageradamente – Deve estar uma delícia!

– Ataquemos, então – brinca Nelma, colocando pedaços nos pratos das garotas.

– Estas pizzas são deliciosas – concorda Eolo.

– Muito gostosas.

Começam, então, a comer, mas apesar de toda a alegria daquele momento de descontração e reunião da família, algo não sai da mente de Eolo e, percebendo que as meninas estão conversando distraidamente, comenta com a esposa.

– Sabe, Nelma, hoje aconteceu algo muito estranho, enquanto voava.

– Estranho, Eolo? E o que foi?

Este, então, conta detalhadamente o ocorrido, apesar de não conseguir lembrar-se com precisão dos detalhes. Nelma ouve tudo com muita atenção e seus olhos chegam a lacrimejar, o que não passa despercebido pelo marido.

– Você está chorando, Nelma?

A mulher, furtivamente, enxuga os olhos sem que as filhas percebam.

– Fiquei emocionada, querido.

– Emocionada?

– Sim. Quando você estava me contando, lembrei-me do Geraldo.

– Seu irmão Geraldo?

– Sim.

– Mas o que isso tem a ver com ele?

– Não sei, Eolo. Tive uma emoção muito forte, parecendo sentir a sua presença.

– A presença de Geraldo? Do que está falando, Nelma? Espere... não vai me dizer que...

– Quem sabe, querido? Geraldo também voava. Aliás, foi ele quem iniciou você nesse esporte.

Eolo sente um frio a lhe percorrer a espinha. Por momento algum havia pensado nisso. Na verdade, nunca tivera essas idéias e nem se preocupara muito com o que poderia acontecer após a morte. Imaginava que algo deveria existir. Que, talvez, houvesse um lugar onde as almas pudessem descansar ou viver em paz. Pelo menos, para os que tivessem sido bons na vida terrena. Não era muito ligado a religião alguma, apesar de freqüentar uma igreja católica, às vezes, quando se via na obrigação de fazê-lo. Apenas tinha uma certeza: a de que o homem deveria fazer o bem ao próximo e isso fazia parte de sua vida, pois sempre que percebia alguém em dificuldade, tudo fazia para auxiliar. Participava, até, de um grupo de pessoas que, lideradas por Geraldo, quando vivo, se encarregava de suprir financeiramente uma campanha de cestas com alimentos básicos para famílias pobres de um bairro da cidade.

– Você está achando que Geraldo falou comigo?

– Não consegue lembrar-se da voz, do tom, da maneira com que a frase foi construída?

Eolo fica pensativo por alguns momentos até que um leve estremecimento lhe agita o corpo.

— Espere um pouco... sim... lembro-me, sim... meu Deus... mas não pode ser... que coisa...!

— O que foi, querido? Do que está se lembrando?

— Um detalhe na frase.

— E que detalhe?

— A voz me disse: — Você está errado, "Lolô".

— "Lolô"?! Geraldo chamava você assim. Uma carinhosa maneira de o tratar.

— Sim e só ele me tratava assim.

Lágrimas brotam novamente dos olhos de Nelma.

— Eu não disse, querido? Só pode ter sido o Geraldo.

— Mas como isso é possível? Não, não posso pensar que seu irmão falou comigo. Deve ter sido mesmo o meu subconsciente a me trair e, talvez, tenha exteriorizado dessa maneira. Afinal de contas, Geraldo era mais que um cunhado para mim. Era mais que um irmão.

— Não sei, Eolo. Já ouvi tantas histórias... Sabe...? No fundo, sempre acreditei um pouco que os mortos pudessem se comunicar com os vivos.

— Você acredita nisso?

— Tenho uma amiga... você conhece... a Mara... ela é espírita e sempre me fala a respeito. Diz ela que no Centro Espírita que freqüenta, fazem reuniões onde mantém diálogo com eles.

— Já ouvi falar nisso, mas nunca levei muito a sério e, realmente, não sei o que dizer.

— Por que não conversamos com ela, Eolo?

— Acho que não devemos porque ela, obviamente, vai nos dizer que foi Geraldo quem falou comigo.

— Mas talvez ela possa ter uma explicação a esse respeito.

— Vamos deixar como está, Nelma.

— Mas se acontecer de novo...

— Acontecer de novo? Não gostaria, não.

— Por quê, querido?

Eolo fica alguns instantes em silêncio e depois responde:

— Sinto um pouco de medo, sabe?

— Medo de Geraldo?

— Não se trata de medo do Geraldo. Afinal de contas foi ele quem me ensinou tudo o que sei a respeito do vôo com parapente. Ele era um grande instrutor. Quantos vôos duplos fez comigo até que eu estivesse bem preparado para voar sozinho. Quanta paciência teve em meus treinamentos nos morros, antes de ir para a montanha. Não é medo dele. Acho que é medo do desconhecido. Não sei como reagiria se tornasse a acontecer, agora que nos ocorreu essa possibilidade de...

— De ser Geraldo...?

— Sim.

— Não se preocupe, Eolo — pede Nelma, percebendo que esse fato possa vir a perturbar o marido — Creio que agora não vai mais acontecer isso.

— E por que pensa assim?

— Penso que, pelo fato de você imaginar que possa ser ele, não mais ocorra. Hoje à tarde você não estava pensando nisso.

— É... pode ser.

— Acho melhor mesmo não tocarmos mais no assunto.

— É o melhor.

— Papai, posso pedir mais um refrigerante?

— Pode, filha.

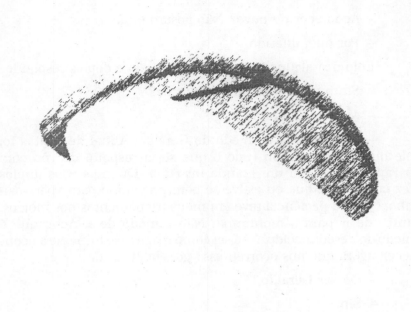

O parapente azul

Duas semanas se passaram e é sábado à noite.

– Você não vai preparar seu equipamento para amanhã, querido? – pergunta Nelma.

– Não sei se vou voar amanhã – responde Eolo, laconicamente.

– Não vai? Por quê?

Eolo permanece pensativo.

– O que foi, querido? Está me parecendo um tanto estranho...

– Sabe, Nelma, aquela voz mexeu muito comigo.

– Entendo, mas você resolveu não voar por causa disso?

– Sinceramente, Nelma, estou bastante apreensivo com isso.

– Está com medo, Eolo?

– Creio que sim.

– Penso que deverá enfrentar essa situação, mais dia, menos dia, e creio que não deveria prorrogar esse momento, pois quanto mais cedo enfrentá-la, melhor, não acha?

— Pensei em dar um tempo.

— Você gosta tanto de voar...

— É...

— Vá, Eolo. Vá amanhã.

— E se acontecer de novo?

— Nada tema, querido.

— E se for, realmente, Geraldo?

— Parece-me que você já está aceitando a idéia de que possa mesmo ser ele.

— Pensei muito nestas duas semanas e li um livro...

— Você leu um livro espírita?

— Li e confesso que vi muita lógica no que li.

— Que tipo de livro você leu?

— Um romance espírita.

— Um romance?

— Sim, e apesar de ser um romance, ou seja, com uma história, um enredo, ele traz muitas explicações que me deixaram a pensar.

— E então?

Eolo reflete um pouco e decide.

— Eu vou voar. Vou voar amanhã.

— Isso mesmo, Eolo, e nada tema. Nenhum mal irá lhe acontecer.

— Vou preparar o equipamento.

* * *

É domingo de manhã e Haroldo, Caio, Paulo e Fábio, companheiros de vôo de Eolo, acabam de decolar da montanha enquanto este começa a inflar o velame do parapente.

– Que Deus me ajude – roga em voz baixa – Gostaria de não mais ouvir nenhuma voz.

Dizendo isso, avança alguns metros pela descida da montanha e, velame inflado, lança-se no espaço. Nesse momento, Eolo sente-se novamente como se um pássaro fosse. Aciona um pouco o batoque e volteia para a esquerda; depois para a direita. Solta o freio até acima da cabeça e o parapente eleva-se um pouco mais, aproveitando a força dos ventos. Seus pensamentos agora são um só: extasiar-se com a enorme e agradável sensação de liberdade. Parece-lhe encontrar-se fora do mundo, apenas um espectador da vida e da natureza que vibra a mais de novecentos metros abaixo. E assim continua por um bom tempo até perceber que seus companheiros já se encontram pousando. Ele mesmo já está agora perto de uns cem metros do solo e prepara-se para fazer a aproximação e pousar. Encontra-se tranquilo. Afinal de contas, não ouviu nenhuma voz. Alguns segundos se passam até que vê ao longe, a cerca de uns cem metros de distância, um outro parapente, um pouco acima do dele.

– De onde veio esse "cara"? – pergunta-se a si mesmo.

Surpreso, dá um pequeno giro para certificar-se de onde possa ter decolado e percebe que, realmente, não está enganado quanto à sua surpresa.

– Esse "cara" não pode ter decolado de onde decolei ou não teria deixado de vê-lo antes que ultrapassasse essa distância, e tenho plena certeza de que não me passaria despercebido. Não havia mais ninguém lá em cima.

O parapente misterioso é de um tom azulado muito bonito e percebe que seu piloto veste-se com um macacão branco, assim como seu capacete de proteção.

– E para onde estará indo? Ele terá que pousar aqui embaixo. Deve ser um louco ou um iniciante que não conhece este local. Será que vai querer descer no meio daquelas árvores? Isso é loucura! Vai acabar se enroscando.

Apressa-se, então, em pousar, estolando aos poucos o

parapente e, antes mesmo de atingir o solo, gesticula com a cabeça e grita para seus companheiros, apontando na direção onde deveria se encontrar o outro, pois não mais consegue vê-lo, tendo em vista que sua visão encontra-se interceptada pelo velame de seu equipamento. Toca, enfim, o solo.

– O que foi, Eolo? Por que está gritando tanto? – pergunta-lhe Haroldo.

– Aquele louco lá! – diz, apontando na direção onde deveria estar nesse momento.

– Que louco, Eolo? Não há ninguém lá.

– Ahn?! – exclama abismado quando olha e não vê ninguém – Havia um "cara" lá, Haroldo, e deve ter caído por sobre aquelas árvores. Você não o viu?

– Não, Eolo, não vi ninguém.

Nesse momento, os outros amigos se aproximam.

– Vocês viram alguém lá no céu, a não ser Eolo?

– Não vi ninguém, não – responde Caio.

– Nem eu – diz Paulo, por sua vez, o mesmo fazendo Fábio.

– Vocês não viram um parapente azul a cerca de uns cem metros de mim?

– Não vimos nada, Eolo – responde Haroldo – E pode ter certeza: você estava voando tão bem que ficamos todos olhando para você. Se houvesse mais alguém, nós o teríamos visto nesse local que você nos aponta.

– Vocês têm certeza disso?

– Absoluta – responde Haroldo, preocupado, lembrando-se que há duas semanas o amigo disse ter ouvido uma voz que lhe aconselhava o que fazer.

– Mas não é possível! O que está acontecendo comigo? Da outra vez, ouvi uma voz e agora...

– Não seria uma ilusão de ótica, Eolo? Será que não viu um de nossos tecidos aqui em baixo e imaginou que estivesse no ar?

– Não. Tenho certeza que não. Estava no ar, pouca coisa mais acima que eu e cerca de uns cem metros de distância.

– Você deve estar trabalhando demais, Eolo – sugere Fábio.

– Tire uma férias – diz Paulo – Há quanto tempo não tira umas férias para descansar um pouco?

– Talvez seja uma boa idéia – concorda Haroldo.

– Não pode ser cansaço. Nem ilusão de ótica. Estava muito nítido.

Os amigos entreolham-se sem saber o que dizer e Eolo percebe que os está deixando preocupados, resolvendo então encerrar a questão.

– É... vocês devem ter razão. Ando um pouco cansado, sim.

– Então vamos comer alguma coisa e descansarmos um pouco. À tarde, voaremos novamente – sugere Caio.

– Vamos, sim – concordam Eolo e os demais.

Dizendo isso, começam a recolher o equipamento.

* * *

Perto de três horas da tarde, novamente se preparam para mais um vôo. Já almoçaram num restaurante da pequena cidade, próxima dali, retornando horas depois à montanha de onde decolam, agora com Eolo à frente. Na verdade, moram numa cidade próxima daquela onde se encontra a montanha. O vôo, como da outra vez, parece bastante tranqüilo e Eolo procura esquecer de tudo, tirando o máximo proveito da inebriante sensação de planar como uma águia que era como ele definia entusiasmado sempre que conversava a respeito desse esporte.

— Nada de motores, combustível ou outro meio de propulsão. Apenas o vento.

Já voara de parapente com um pequeno motor acoplado atrás da selete, uma espécie de banco preso ao piloto e ao velame e até que gostara porque, de qualquer maneira, ele servia apenas para levá-lo a determinada altura sem a necessidade de uma elevação. Na verdade, quando descia, o desligava. Mas o que mais apreciava, mesmo, era decolar de morros ou de montanhas como aquela ali naquele município a menos de uma centena de quilômetros da grande cidade onde morava. Era o que ele sempre sonhara desde criança, quando soltava pipa e ficava a imaginar-se preso a ela, lá nos céus.

— Bendito seja quem inventou o parapente — pensava — Proporciona-me realizar e viver antigo sonho infantil.

E já havia voado um bom tempo, preparando-se para o pouso quando intenso tremor percorre-lhe o corpo ao ouvir, novamente, uma voz, desta feita, diferente da anterior:

— Eolo, amanhã voaremos juntos. Somente nós dois. E não se preocupe. Cuidarei de você. Confie em mim.

— Meu Deus! De novo! E quer que eu voe com ele! Sozinho! — fala consigo mesmo, em voz alta.

— Não tenha nenhum receio, meu amigo.

— Quem é você?! Por que não aparece? — grita, apressando a descida.

Quando os companheiros alcançam o solo, após recolherem o velame do parapente, aproximam-se dele, preocupados, pois descera muito rápido.

— Tudo bem, Eolo? — pergunta, primeiro, Haroldo.

— Tudo bem — responde, não querendo revelar aos amigos o que ouvira desta vez. Agora tinha certeza de ter ouvido uma voz. Prestara bastante atenção e lhe parecera ser uma voz bastante forte.

— O que devo fazer? — pergunta-se, mentalmente, en-

quanto caminha em direção à condução que os levaria de volta
– Não é aconselhável voar sozinho, mas ele pediu-me que confiasse nele. O que devo fazer, meu Deus? E Nelma? Devo contar a ela?

* * *

– E então, querido? Tudo bem? – pergunta a esposa, ansiosa por saber se havia tido um vôo tranqüilo e sem novidades.

– Tudo bem, a não ser... – responde Eolo, enquanto se barbeia e Nelma se veste para, novamente, ir à pizzaria com ele e as filhas.

– A não ser...? O que aconteceu?

Eolo conta, então, apenas o fato de ter visto alguém e apenas ele ter visto, mas nada fala a respeito da voz que falou com ele.

– Mas você tem certeza?

– Absoluta, Nelma. Vi, sim.

– Penso que deveríamos falar com a Mara.

– Ainda não, Nelma. Sabe, pelo que eu li naquele romance, apesar de eu não entender quase nada, penso que o que está acontecendo comigo é o que os espíritas chamam de mediunidade.

– Mediunidade?

– Isso. Dizem os espíritas que todas as pessoas possuem um pouco de mediunidade, mas que algumas, a quem, na prática, eles denominam realmente de médiuns, porque a possuem mais desenvolvida, podem ouvir Espíritos e até vê-los. Talvez seja isso.

– Será, Eolo?

– Até gostaria que fosse.

– Gostaria?

— Sim, porque se for isso, pelo menos existe uma explicação.

— E se não for?

— Se não houver uma explicação, Nelma, só posso, então, chegar à conclusão que talvez esteja enlouquecendo, o que seria muito pior, não?

— Você não está ficando louco, não, Eolo. Mas escute, deixe que eu converse com a Mara a respeito disso. Gostaria de ouvir a opinião dela. Talvez nos indique alguma maneira de você se livrar disso, quero dizer, dessa tal de mediunidade.

— Está bem. Pode falar com ela, sim. Quem sabe ela possa me ajudar.

— Pois amanhã mesmo irei procurá-la.

— Está certo, Nelma. Agora vou tomar um bom banho e depois sairemos com as meninas.

— Isso mesmo, querido. Vá tomar o seu banho.

O encontro

No dia seguinte, bem cedo, Eolo passa em sua loja e dá algumas instruções a um dos funcionários. Depois, com o equipamento de vôo em seu carro, e pedindo para um outro empregado ir com ele, ruma para o alto da montanha. Quando lá chega, descarrega tudo, pede para o rapaz descer com o carro e senta-se na grama, resolvendo esperar pelos acontecimentos. Aguarda alguns minutos em silêncio até que não se contém e começa a rir e a falar em voz alta, como se conversasse consigo mesmo:

– Só rindo, mesmo. Fazendo este papel de tolo. O que estou fazendo aqui em cima desta montanha? Aguardando um fantasma?

E ri muito até que, interrompendo o riso, toma uma decisão:

– Quer saber de uma coisa? Vou-me embora. Isto é ridículo. Só porque andei imaginando coisas, estou aqui querendo ter mais alucinações. Ora, faça-me um favor! Vou-me embora, mesmo.

Resolvido, Eolo levanta-se, apanha o parapente ainda dobrado, e já está para discar o telefone celular a fim de pedir para seu funcionário vir buscá-lo, quando percebe que alguma coisa se move na linha do horizonte da montanha, distante cerca de uns quarenta metros de onde se encontra. Presta atenção e percebe que é a cabeça de alguém que começa a surgir nessa linha, como a subir a elevação por detrás, pela estrada. Depois, o rosto inteiro, os ombros, o corpo e, por fim, as pernas, caminhando em sua direção. Mas o que o deixa mais impressionado é que essa pessoa parece não estar tendo a menor dificuldade em caminhar e percorrer aquele aclive. Eolo perde toda a noção de realidade naquele momento. Não sente medo, nem curiosidade, nada. Apenas uma forte emoção e uma grande confiança. A criatura aproxima-se lentamente e pára a pouco mais de dez metros dele. Trata-se de um homem e Eolo julga ser o mesmo que no dia anterior viu voando no parapente azul, mesmo porque ele o trás dobrado e sem a menor dificuldade em carregá-lo. Traja macacão e capacete brancos, assim como suas botinas. Quase não consegue ver o seu rosto e somente quando ele retira o capacete é que consegue vê-lo melhor, sentindo uma ligeira frustração, pois não é Geraldo quem se encontra ali à sua frente. Percebe, também, que não se trata de uma figura muito real em termos materiais. Parece conter uma pequena diafaneidade e um pouco de luz ao seu redor, bem próximo ao corpo, luz essa que chega a embaçar um pouco a sua imagem.

– Meu Deus, estou vendo, mesmo! – exclama, baixinho – E tenho certeza de que não é real, não é uma pessoa qualquer. Só pode ser um Espírito ou coisa parecida. Parece que pouco toca o solo quando caminha.

E Eolo, realmente, percebe que não há sinais no chão de que aquela criatura tivesse pisado e também, onde se encontram seus pés, a grama não parece estar amassada. A impressão que tem é que seus pés apenas tocam o chão muito de leve. Nesse momento, Eolo aproxima-se um pouco da criatura e rompe o silêncio:

– Quem é você? Foi você quem me convidou para voar?

A figura lhe sorri e, virando-se um pouco para a direita, ficando com seu lado esquerdo voltado para Eolo, olha para o pequeno vale lá embaixo e responde com uma pergunta:

— Você gosta muito de voar, não?

— Sim.

— Eu também.

— Voa sempre aqui? – pergunta Eolo, tentando manter uma conversação normal com aquela criatura que nem sabe direito o que seja. E surpreende-se com a intenção que tem de entabular uma conversa na tentativa de que aquele ser não desapareça de repente.

— Não. Vôo em outras paragens, mas agora estou numa missão.

— Missão?

— Sim, uma grande missão.

— Você ainda não me respondeu quem é. Imagino que não seja deste mundo, pelo menos por sua aparência. Você me parece um tanto diáfano.

Nesse instante, Eolo sente um grande temor, pois somente viera até ali para aquele encontro porque pensara tratar-se de Geraldo, mas agora lhe surgira uma nova idéia: e se esse homem fosse um alienígena, um ser de algum planeta distante? E sente perder um pouco as forças nas pernas, que começam a tremer. E o homem parece ter notado, pois sem ao menos estar olhando para ele, fala mansamente:

— Não tenha receio algum, Eolo. Não vou lhe fazer nenhum mal.

— Mas quem é você, afinal? – insiste.

A criatura volta-se para ele e responde:

— Meu nome é Rubens e vim para lhe ensinar algumas coisas.

— Ensinar?

— Isso mesmo e a primeira coisa que quero lhe dizer é que fez muito mal em ter vindo até aqui.

Eolo espanta-se com aquelas palavras.

— Fiz mal? Mas foi você quem me pediu para vir e disse-me para confiar e nada temer.

— Sim, nada tem a temer, mas fez muito mal em vir aqui sozinho, em aceitar o meu convite.

— Não estou entendendo.

— Pois vou lhe explicar, Eolo, e essa será a sua primeira lição. Em primeiro lugar, não sou nenhum alienígena e nem moro em algum planeta distante. Na verdade, moro muito perto daqui.

— Mora perto daqui? — pergunta Eolo, percebendo que Rubens lera seus pensamentos.

— Sim e preciso lhe dizer que não aprenderá tudo o que tenho para lhe ensinar de uma só vez. Serão necessários vários encontros, se você quiser.

— Continue.

— Dessa maneira, terei que lhe dar algumas informações preliminares sobre as quais terá o livre-arbítrio de nelas acreditar ou não. Com o tempo, verá que são verdadeiras.

— E que informações preliminares são essas?

— A primeira delas é que não sou como você. Sou um Espírito.

Eolo sente novo tremor e pergunta:

— Você quer dizer que já morreu? — pergunta Eolo, satisfeito com a revelação dele.

— Não. Apenas desencarnei.

— Desencarnou...? — pergunta Eolo, surpreso também em receber essa resposta, com muita calma, sem nenhum receio. Parece que aquele ser lhe infunde uma grande paz e coragem — Já li esse termo num livro espírita, mas qual a diferença entre morrer e desencarnar?

— A única diferença é que ninguém morre, já que a palavra morte traz uma conotação de término, de extinção, enquanto que o termo desencarnação possui um outro significado. Nós, Espíritos, eu ou você apenas desencarnamos, ou seja, abandonamos nossas vestes carnais, o nosso corpo. Este, sim, morre, definha e vira pó. Nós continuamos vivos. O Espírito apenas retorna à sua verdadeira dimensão que é a espiritual.

— Escute, Rubens, você há de convir que tudo isto que está acontecendo comigo, tudo o que está acontecendo neste instante, ou seja, você, um Espírito, falando comigo, eu vendo você... tudo isto... é, no mínimo, bastante incomum, isso não acontece a todo momento com as outras pessoas, certo? E, dessa maneira, gostaria que, agora que tudo está ocorrendo, me explicasse, realmente, toda essa história de Espírito, corpo, dimensão.

— Entendo bem o que está me dizendo, Eolo. E você tem toda a razão. Esta é uma situação bastante inusitada, apesar de existirem muitas pessoas que possuem uma mediunidade mais desenvolvida, que é a porta de contato com o plano espiritual. E não há nada de tão fantástico nisso. Você verá, com o tempo e com a experiência, a normalidade desse intercâmbio.

— Mas por que comigo, Rubens?

— E por que não com você? Isso ficará sabendo com o passar do tempo, também.

— Agora gostaria de saber por que disse que fiz mal em aceitar o seu convite.

— Vou lhe explicar. Quando eu lhe fiz o convite, creio que já imaginava tratar-se de um Espírito falando com você, não?

— De certa forma, sim, apenas não queria acreditar.

— Pois bem. Acredito também que aceitou porque acreditou que, pelo fato de ser um Espírito a lhe fazer o convite e prometer-lhe segurança, você confiou...

— Certo. Por que não haveria de confiar num Espírito? Penso que deveria confiar num Espírito, não é mesmo?

- Não.

- Não?!

- Não, Eolo. Você sabe muito bem que ninguém deve fazer esse tipo de vôo sozinho, sem um pessoal de apoio.

- Tem razão, mas não iria estar sozinho. Você estaria comigo.

- E você acha que apenas por ser um Espírito, poderia ajudá-lo no caso de uma necessidade...

- Imagino que os Espíritos possuem poderes.

- Não é bem assim, Eolo. Muitos têm poderes muito grandes, mas nem todos. De qualquer maneira, vamos imaginar que isso fosse correto. Que todos temos poderes. E daí? Você me conhece para confiar em mim? Lembre-se de que o poder não é tudo. Em seu mundo existem muitas pessoas poderosas, mas nem todas bem intencionadas, não é?

- Você tem razão e com isso quer dizer que nem todos os Espíritos são bem intencionados.

- Exatamente. Quando partimos da Terra, quando abandonamos o corpo físico, continuamos a ser nós mesmos. Ninguém se torna anjo, apenas porque desencarnou. Na verdade, muitas vezes, o Espírito revela mais ainda as suas más tendências.

- E como fazer para identificar os bons e os maus?

- Pelas suas intenções. Apenas pelas suas intenções. É muito simples. O bom Espírito, você o conhece por sua grande vontade de fazer o bem. E os maus... você já sabe. Agora, veja bem: deve analisar o íntimo do Espírito e, principalmente, as suas ações reais, porque de boas intenções o mundo se encontra repleto e o que realmente tem valor são as ações no Bem.

- Entendo. Mas como analisar isso? Você, por exemplo? Como saber de suas intenções, de seus atos voltados ao Bem?

- Essa análise, Eolo, você terá a capacidade de fazer com

o tempo. Por isso, nunca deve tirar conclusões precipitadas em nenhum dos casos. Uma outra maneira, e você também irá aprender com o tempo, é a análise do semblante. Não somente dos Espíritos desencarnados, como também dos encarnados.

– Mas não seria fácil dissimular, quero dizer, fingir, vestir um semblante bondoso e sereno?

– Como lhe disse, depois, com muita prática saberá reconhecer o verdadeiro semblante das pessoas. Enquanto isso, analise-as por suas ações.

– Bem, então, não iremos fazer um vôo hoje?

– Você acha prudente?

– Não entendo essa sua pergunta e sua explicação sobre isso. Você não me convidou para um vôo?

– Nós vamos voar, sim, mas pretendo lhe oferecer um vôo um pouco diferente, hoje.

– Diferente?

– Sim. Um vôo pelos caminhos do entendimento, da razão e da fé. Quer?

– Já que estamos aqui, vamos em frente.

– Você é muito corajoso, Eolo.

– Corajoso? Nem sei o que me mantém aqui. Na verdade, estou diante de um fantasma, desculpe-me a expressão, e tudo isto para mim, mais me parece uma loucura.

Rubens limita-se a sorrir e convida Eolo a sentar-se na grama a alguns metros dele. Também se senta. Eolo meneia a cabeça com um sorriso de reprovação para consigo mesmo. Quem iria acreditar no que está lhe acontecendo?

– Por enquanto não conte a pessoas que poderão duvidar de você, mas pode dar ciência à sua esposa. Ela acreditará.

– Você leu meu pensamento, Rubens?

– Não, Eolo, mas facilmente deduzi o que estava pensando pelo seu semblante.

– Entendo...

– Agora, vamos fazer alguns exercícios de raciocínio lógico e de imaginação.

– Raciocínio lógico? Imaginação?

– Isso mesmo. Cerre os olhos e imagine estar voando. Vou ajudá-lo.

– Com meu parapente?

– Pode ser. Voe.

Eolo fecha os olhos e começa a imaginar o que Rubens lhe pede.

– Agora, saia um pouco dos limites de seu equipamento. Faça o que quiser com ele. Voe alto... alto... mais alto..., mas sem descer.

– Sim. Alto... cada vez mais alto...

Eolo acredita estar mesmo tendo algum auxílio de Rubens porque consegue ter uma imaginação bastante realista. E voa cada vez mais longe, chegando a visualizar cenários diferentes. Rubens aguarda alguns instantes e dá uma nova sugestão:

– Suba mais, Eolo. Vá subindo. Ultrapasse as nuvens. Suba... suba...

Eolo começa a ver-se por sobre as nuvens e faz diversas acrobacias com o parapente.

– Mais alto... cada vez mais alto até conseguir ver a Terra como ela é: uma esfera achatada nos polos.

– Estou vendo.

– Afaste-se um pouco mais da Terra.

– Meu Deus! – exclama Eolo – Parece real.

— Agora, mantenha-se nessa altura, pois quero lhe fazer algumas perguntas.

— Sim...

Eolo parece encontrar-se no espaço.

— Diga-me uma coisa: se você continuasse a se afastar da Terra, chegaria em algum ponto do espaço onde tudo se acabaria?

— Creio, pela lógica, que não, porque se tivesse um fim, evidentemente teria que estar contido em algum outro espaço e daí não teria um fim. Na verdade, sabemos que o Universo é infinito. Que não tem fim.

— Mas você é capaz de entender isso?

— Não. Ninguém é capaz sequer de imaginar o que seja o Infinito.

— Firmemos, então, o nosso pensamento e o nosso raciocínio apenas sobre o planeta Terra. Você acha que ele sempre existiu?

— Creio que não. Já li que estudos científicos chegaram à conclusão de que a Terra foi formada através de um longo processo, onde diversos gases, poeira cósmica, temperaturas altíssimas contribuíram para isso.

— Muito bem. E esses gases, essa poeira e esse calor?

— Como assim?

— De onde surgiram?

— Devem ter tido uma causa.

— E você há de convir que até para essa causa, também houve uma causa maior, ou seja, sempre haverá uma causa para tudo o que acontece e para tudo o que existe.

— Sim...

— E a causa da primeira causa?

— A causa da primeira causa?

— Pense um pouco.

— Deus?

— Isso mesmo, Eolo.

— Mas quem ou o quê é Deus?

— A causa primeira de tudo, meu amigo. Agora, seria muita pretensão de nossa parte, ignorantes que ainda somos, querer entender isso, não?

— Você tem razão.

— Mas nem por isso podemos duvidar que tenha havido uma causa primeira.

— Também acho.

— Você acredita na existência de Deus?

— Sim.

— Diga-me uma outra coisa: qual a maior característica de tudo o que existe e que conhecemos?

Eolo pensa um pouco e responde convicto, impressionado com a facilidade com que as conclusões lhe chegam à mente:

— Um perfeito equilíbrio em tudo.

— E o que mais? O que pode gerar um perfeito equilíbrio? E quando falo em equilíbrio, refiro-me a tudo o que acontece no mundo, inclusive a própria vida, a energia que faz um coração bater, uma semente germinar...

— O amor, Rubens?

— Isso mesmo, o amor. O que vem nos demonstrar que Deus é o próprio amor. Agora, se Deus é amor, disso podemos depreender que Ele nos ama e que se nos ama, nos ama a todos igualmente e se nos ama a todos igualmente, só pode ser justo. Justo e bom.

— Sim. Justo e bom.

— Porém é uma pena que o homem, na sua vaidade, no seu orgulho, queira se comparar a Deus.

— Não entendo...

— No que a maioria dos homens acredita, através das diversas religiões por eles criadas?

— Na sobrevivência após a morte, creio eu, mas o que há de errado nisso? Você, mesmo, é uma prova viva disso.

— Oh, sim. A sobrevivência após a morte é um fato inconteste, mas como a grande maioria dos homens religiosos vêem essa sobrevivência?

— Bem, pelo pouco que sei a respeito, creio que muitos acreditam encontrar-se com Deus após a morte do corpo, alguns outros, na ressurreição quando os maus queimarão eternamente no fogo do inferno e os bons serão encaminhados a um paraíso de bem-aventurança.

— Pois aí mesmo é que se encontra o grande engano provocado, como já lhe disse, pelo orgulho e pela vaidade do homem.

— Como assim?

— É muito simples, Eolo. Qual a idade média de vida dos homens?

— Creio que em torno dos sessenta e poucos anos. Não tenho certeza.

— Tudo bem. Exageremos e imaginemos que seja oitenta anos. Você acha que um ser humano que vivesse oitenta anos já teria condições morais e espirituais para crer-se merecedor de permanecer junto a Deus?

— Nunca havia pensado nisso e você tem razão.

— E quanto ao inferno eterno? Você acha justo um inferno que seja eterno?

— Realmente nunca acreditei muito nisso, apesar que acredito que deva existir uma punição para os maus.

— Uma punição, Eolo? Você acha que uma punição pura e simples resolveria? Deus não pune, Eolo.

— Não?

— Sei que é pai de duas meninas, Eolo. Se porventura alguma delas cometesse um grande erro, você seria capaz de condená-la a um sofrimento eterno?

— De maneira alguma.

— E o que faria?

— Tentaria de todas as formas ajudá-la, nem que tivesse que ficar a vida toda tentando.

— Isso quer dizer que se houvesse mesmo um inferno eterno, você seria muito mais bondoso que o próprio Deus. Se você seria capaz de perdoar sua filha e lhe oferecer nova chance, por que Deus, infinitamente mais amor e justiça, não faria o mesmo, ao invés de condenar um filho Seu a sofrer eternamente?

— E como Deus daria uma nova oportunidade, Rubens? Seria, porventura, através de uma nova reencarnação? Li sobre isso num livro espírita.

— Pois é exatamente isso, Eolo. Na verdade, já vivemos muitas e muitas encarnações neste planeta e vimos aprendendo e evoluindo através delas, sempre convivendo em situações esclarecedoras para essa nova evolução.

Rubens faz pequena pausa e recomeça:

— Vou lhe dar um exemplo: se você faz alguém sofrer é porque não consegue imaginar o sofrimento pelo qual essa pessoa passa porque, se soubesse, certamente não o faria. E temos que aprender para não errarmos mais. Para que, antes de praticarmos o mal a alguém, não tenhamos coragem de fazê-lo, pois que já somos conhecedores do tamanho da dor. Dessa maneira, nada melhor que reencarnarmos em situações que possamos aprender. Também isso ocorre para que possamos aniquilar o ódio de nossos corações.

— Aniquilarmos o ódio?

— Poderíamos melhor dizer, transformarmos o ódio em amor.

– Transformar o ódio em amor? Como pode ser?

– É muito simples. Imagine dois ferrenhos inimigos, ou melhor, imagine que alguém fez um grande mal a uma outra pessoa e que esta última passe a nutrir pela primeira, um grande sentimento de ódio e de vingança. Você acha que a morte do corpo físico irá modificar esse sentimento? De maneira alguma, a não ser através da bênção da reencarnação. Talvez, a primeira nascendo como filho da segunda. Com a dádiva do esquecimento do passado, pois que não nos lembramos das vidas anteriores, essa segunda pessoa vai passar a amar com muita intensidade aquele pequeno ser que lhe nasceu por filho e esse amor paternal ou maternal será tão intenso que substituirá o ódio pelo amor e, mesmo que um dia, no futuro, venham a saber dos acontecimentos de outra vida, o amor certamente sobrepujará o ódio.

– Isso deve responder também ao porquê de algumas pessoas nascerem saudáveis e muitas vezes ricas e outras pobres, estropiadas, verdadeiros aleijões.

– Isso mesmo. São missões, resgates e aprendizado nas mais diversas maneiras, sempre causadas pelo próprio Espírito. Acontece também, muitas vezes, de um Espírito mais elevado moralmente, reencarnar com um grande problema, a fim de dar um exemplo de abnegação e fé para aqueles que vierem a conhecê-lo. Não existe castigo, Eolo. Existe, sim, oportunidades novas.

– E também, conforme li nesse livro espírita, dias atrás, vem responder às indagações de muitos a respeito da morte prematura de bebês que, seguindo-se simplesmente o pensamento de Céu e inferno, estes estariam sendo beneficiados indo para o Céu, enquanto que se algum outro crescesse e se transformasse num criminoso, por exemplo, fatalmente seria condenado ao inferno eterno. Nesse caso, o primeiro dos bebês foi para o Céu, simplesmente porque não teve a chance de errar. Talvez, se sobrevivesse, pudesse chegar a ser pior que o segundo e, da mesma maneira, se o segundo bebê tivesse tido uma morte prematura, teria ganho o Céu como recompensa.

— Você entendeu muito bem, Eolo. Muito bom esse seu exemplo.

— Agora, diga-me uma coisa, Rubens. Por que está acontecendo tudo isto comigo? Essa sua aparição, essas suas lições...

— Já lhe disse que em breve ficará sabendo.

— Por favor, diga-me uma outra coisa: você conhece Geraldo?

— Seu cunhado?

— Você o conhece?!

— Sim.

— Eu ouvi a voz dele quinze dias atrás. Tenho certeza de que era sua voz.

— Você tem razão.

— E por que ele não está aqui e por que não o vi... espere... quem foi que eu vi ontem voando? Era Geraldo?

— Não. Era eu. Geraldo ainda não tem permissão para se fazer visualizar.

— Permissão?

— Sim, Eolo. No plano espiritual, tudo depende do merecimento de cada um.

— E Geraldo não é merecedor como você?

— Digamos que o merecimento seja medido por ações que são, digamos, contabilizadas a nosso favor. Geraldo ainda necessita de mais um pouco de trabalho no Bem para conquistar esse prêmio. Mas pode ter certeza de que ele já está bem próximo disso.

— Mas teve permissão para se fazer ouvir...

— Sim.

— E por que ele não fala comigo, agora?

– É um pouco complicado, Eolo. Para alguns Espíritos tudo é muito simples e fácil, mas para outros que ainda têm muito a evoluir, são necessárias certas técnicas e o concurso de outras entidades para se provocar um fenômeno dessa natureza.

– Você está querendo dizer que para Geraldo conseguir ser ouvido por mim houve necessidade da ajuda de outros Espíritos?

– Isso mesmo. Para aquela pequena frase, foi necessário o auxílio de outras entidades.

– Entendo.

Algumas explicações

Naquele mesmo instante, na casa de Eolo...

– Alô? Dona Nelma?

– Sim...

– Aqui é o Armando.

– Olá, Armando. Como vai?

– Tudo bem, dona Nelma. Eu estou ligando porque... bem... gostaria que o Eolo não soubesse a respeito desta minha conversa com a senhora... eu...

– Fale, Armando – pede a mulher, preocupada.

– Sabe... – continua o funcionário da loja –, é que achei Eolo um tanto estranho hoje de manhã.

– Estranho?

– Sim. Ele passou aqui na loja dizendo que tinha um compromisso e que não sabia a que horas voltaria.

– E ele não falou para onde iria?

– Não, mas percebi que ele estava com as botas que usa quando vai voar e também vi que seu parapente se encontrava no automóvel.

— O parapente estava no automóvel?

— Isso mesmo, e ele tomou o rumo da estrada.

— Mas ele não me disse nada a respeito de voar hoje. Ele só voa aos domingos e com seus amigos. Você tem certeza de que ele tomou a estrada, Armando?

— Tenho quase certeza, porque ele pegou aquela estradinha de terra aqui no fim da avenida e esse caminho leva até a estrada de rodagem. E levou o Luiz junto.

— A que horas foi isso, Armando?

— Bem de manhã. Eu comecei a ficar preocupado e tomei a liberdade de telefonar para alguns de seus amigos para saber se haviam planejado voar hoje. Sabe, dona Nelma, agora estou também preocupado porque ele pode ficar zangado comigo por eu ter ligado.

— Não se preocupe, Armando. Ele não ficará zangado, não. Você apenas está demonstrando preocupação com ele. Mas diga-me uma coisa: por que acha que ele foi voar? Talvez tenha levado seu parapente para alguém.

— É que quando ele partiu, assim que o carro entrou em movimento, ouvi-o dizer, como quem fala consigo mesmo, sabe...?

— Você ouviu o quê, Armando?

— Ele disse: "voaremos alto, hoje, meu amigo".

— Ele disse isso?

— Com essas mesmas palavras.

— Obrigada pela informação, Armando. Vou ligar para o Haroldo.

— A senhora quer que eu faça algo?

— Não, Armando. Fique tranqüilo.

— Até logo, então.

— Até logo.

Nelma desliga o telefone e, incontinenti, procura um número na lista telefônica, discando-o em seguida.

— Preciso falar com o Haroldo. Diga-lhe que é Nelma, esposa de Eolo.

Alguns segundos se passam.

— Alô? Nelma?

— Ela mesma, Haroldo.

— Como vai, Nelma?

— Tudo bem, Haroldo. Apenas preciso de uma informação.

— Pode falar.

— Por acaso, Eolo iria voar hoje?

— Eolo? Que eu saiba, não. Pelo menos, não me disse nada e ele não costuma voar na segunda-feira. Por que me pergunta isso? Aliás, um funcionário dele ligou-me e perguntou a mesma coisa.

Nelma, então, conta a conversa que teve com Armando, inclusive comentando sobre os últimos acontecimentos ocorridos com o marido.

— Mas o que será que está acontecendo com ele? — pergunta Haroldo.

— Você acredita em mediunidade, em Espiritismo, Haroldo?

— Definitivamente não, Nelma. Nunca acreditei nessa história de Espiritismo. No caso de Eolo, chego a pensar que possa ser algo relacionado a algum tipo de estafa, apesar de não entender muito sobre o assunto. Mas fique tranquila. Irei até a montanha verificar se ele se encontra lá. A propósito, Nelma, já tentou ligar para o telefone celular dele?

— Já, mas encontra-se desligado.

– Eu vou até lá.

– Vou também – resolve Nelma – Vou com meu carro.

– Você não quer que eu passe em sua casa e a apanhe? Carla poderá ir junto.

– Acho melhor não perdermos tempo, Haroldo. Nos encontramos lá. Creio que você chegará primeiro.

– Eu a aguardo na entrada da cidade.

– Está bem.

Dizendo isso, Nelma desliga o telefone e sai com o carro. Perto de meia hora depois chega à entrada da cidade, onde Haroldo a espera.

– Faz tempo que chegou?

– Não, Nelma. Cheguei há poucos minutos. Siga-me com o carro. Vamos até a montanha.

Depois de percorrerem uma estrada de terra, chegam à base da grande elevação onde se encontra o automóvel de Eolo. Ao lado do veículo está um funcionário de sua loja.

– Luiz, onde está o Eolo?

– Está lá em cima da montanha, dona Nelma. Eu o levei até lá e ele pediu-me para ir buscá-lo, caso não decolasse dentro de duas horas.

– E quanto tempo faz que você o levou até lá?

– Mais ou menos uma hora.

– Vamos até lá, Haroldo.

– Não estou entendendo – diz o amigo – O que ele estará fazendo lá em cima até agora?

– Não estou gostando nada disso. Vamos rápido!

– Vamos.

Sobem, então, a montanha por uma estreita estrada lateral que chega ao topo por detrás do local de onde eles decolam.

— Veja ele lá, Haroldo — diz Nelma.

— Mas o que ele está fazendo? — pergunta o homem, estacionando o carro e desligando o motor.

— Parece que está falando e gesticulando — nota a mulher — Meu Deus, o que estará acontecendo com Eolo?

— Ele parece mesmo, falar com alguém, mas não vejo ninguém com ele.

— Nem eu.

— Vamos nos aproximar a pé, com cuidado, para não sermos notados. Quem sabe conseguimos ouvir o que ele fala.

* * *

— Sua esposa e seu amigo estão vindo para cá, Eolo — revela Rubens.

— Quem? — pergunta, olhando na direção que Rubens lhe aponta. Estava tão entretido com a conversação que nem notara a vinda de Nelma e Haroldo.

— Até outro dia, Eolo.

— Espere, Rubens. Gostaria que eles o vissem também.

— Impossível isso, meu amigo. Não possuem a mediunidade própria da vidência.

— Mas você não pode fazer com que o vejam?

— Ainda não, Eolo. Ainda não. Até outro dia e procure aprofundar-se mais em tudo o que lhe disse para que possa entender mais o que está acontecendo e também sobre as verdades da vida.

— Na Doutrina Espírita?

— Sim.

— E quando o verei novamente?

— Logo, logo. Farei contato.

— Obrigado pelas explicações.

— Que Deus o abençoe.

— Que Deus o abençoe também.

— Eolo, com quem está falando? – pergunta Nelma, visivelmente impressionada com o que vê e, principalmente, com o que ouve.

— Vocês não viram ninguém aqui comigo?

— Não vimos ninguém, Eolo – responde Haroldo.

— É uma pena.

Nesse momento, Nelma já se encontra próxima do marido e o abraça com lágrimas nos olhos.

— O que está acontecendo, querido? Você ia voar sem a presença segura de seus companheiros?

— É uma longa história, Nelma. Vamos para casa. Venha também, Haroldo.

O amigo o ajuda a colocar o equipamento em seu carro e descem a montanha, onde pedem ao funcionário que leve o automóvel de Eolo para a loja, enquanto este dirige o da esposa, combinando com Haroldo para que vá até sua casa mais à noite para que ele lhe dê algumas explicações sobre o que lhe está acontecendo.

※ ※ ※

É noite e pequena reunião acontece na casa de Eolo, onde também estão presentes Nelma, Haroldo, Carla, sua esposa, e Mara e seu marido, doutor Léo, que Nelma convidara por serem espíritas. Apenas as filhas do casal não participam.

Eolo, que já havia colocado Nelma a par de tudo, conta, agora, novamente, aos presentes, com todos os detalhes, tudo o que lhe acontecera, desde que ouvira a voz até o diálogo com Rubens.

– Muito bem, Eolo – diz Léo – E o que pensa a respeito de todos esses fatos que lhe aconteceram?

– Confesso que estou um pouco assustado. Tudo aconteceu muito de repente e nem tive tempo de raciocinar a respeito. Na verdade, sinto-me muito... nem sei explicar... agoniado... talvez ansioso... Não sei se vocês me entendem... é que, de repente, como já disse, recebi uma carga muito grande de informações, de raciocínios que, para falar assim de uma maneira bem simples, bagunçaram a minha mente, colocando-me uma nova visão da vida e tem momentos que nem sei se devo acreditar em tudo isso.

– Eu entendo você, Eolo – diz Léo – Também já passei por algo parecido, quando minha mediunidade aflorou de uma hora para outra. Mas gostaria de lhe fazer uma pergunta.

– Faça, Léo.

– Você ouviu algumas explicações a respeito de Deus, da vida, da reencarnação, enfim do porquê de tudo isso, não foi?

– Sim.

– E você acha que haveria um jeito, uma maneira diferente de ser? Vou definir melhor: você seria capaz de imaginar uma explicação melhor, mais lógica a respeito da vida, que melhor definisse a bondade e a justiça de Deus? Da maneira como lhe foi explicado por Rubens, você percebe e entende a diferença que existe entre os homens, Espíritos encarnados. Você é capaz de entender e aceitar o porquê de alguns nascerem e viverem saudáveis e outros doentes, uns com recursos financeiros para levar uma vida terrena digna e outros que nem têm o que comer. Não é verdade?

– Você tem razão. O que está acontecendo comigo é que sinto-me angustiado, ansioso por novos conhecimentos a respeito de tudo isso. Quero saber onde vivem os Espíritos desencarnados, onde, por exemplo, Rubens habita. Nem deu tempo de lhe perguntar. Enfim, vocês devem entender que vi e conversei com um "fantasma" hoje e isso não é nada corriqueiro na vida de uma pessoa.

Léo sorri e é Mara quem fala agora:

— Com o tempo você se acostumará, Eolo. Eu já me acostumei.

— Você também os vê?

— Eu e Léo, quando permitido pela espiritualidade.

— Permitido?

— Sim. Nós não vemos o quê e quando queremos. Vemos o que nos mostram. Vemos aqueles que querem que os vejamos.

— E vemos coisas muito feias também, Eolo.

— Coisas feias? Como assim?

— Você não precisa ficar preocupado com isso, Eolo, mas devo lhe informar que, com a vidência, assim como vemos Espíritos bons e muitas vezes muito bonitos na aparência e na maneira de se apresentarem, como as próprias vestimentas que usam, de outras vezes, vemos também, entidades infelizes e com compleições físicas bastante desagradáveis.

— Meu Deus!

— Isso não quer dizer que, necessariamente, você venha a vê-los. Talvez visualize apenas esse irmão de nome Rubens e por algum tempo também. Talvez ele tenha a missão de explicar-lhe todas essas coisas a fim de encaminhá-lo à Doutrina Espírita. Pode ser isso, mas creio que, assim que você tiver mais conhecimentos, vai querer colocar essa sua mediunidade a serviço de muitos necessitados.

— Necessitados?

— Você irá aprender que muitas vezes, no que denominamos de reuniões mediúnicas, os Espíritos Superiores valem-se de nossa mediunidade para poderem auxiliar mais rapidamente Espíritos desencarnados que não entendem ainda a situação em que se encontram. Através da mediunidade que pode ser a da psicofonia, ou seja, a que os Espíritos se comunicam através de nossa fala, conversamos com eles e, com o auxílio de nossas vibrações mais materializadas, conseguimos, nós e uma Equipe Espiritual, que coordena esse tipo de trabalho, fazer com que consigam ver Espíritos que irão auxiliá-los, encaminhando-os para hospitais, escolas, enfim, para onde melhor lhes seja necessário, para uma readaptação no verdadeiro plano da vida.

– Hospitais, escolas?

– Sim. Hospitais, escolas, moradias. Você acha que o Plano Espiritual é um céu com flocos de nuvens, onde os desencarnados ficam na ociosidade, em êxtase eterno? Não é assim, não. Há muito trabalho e aprendizado no outro lado da vida. Além disso, quando desencarnamos, nós, Espíritos, abandonamos o nosso corpo material e partimos revestidos de um corpo intermediário, chamado perispírito e que, na maioria das vezes, encontra-se lesado pela doença ou mal que tirou a nossa vida corpórea. E esse perispírito tem que receber um tratamento em um hospital.

– Meu Deus! Quanta coisa nova!

– Na verdade, Eolo, este nosso corpo material é uma cópia de nosso perispírito.

– É muita informação de uma só vez, Mara.

– Sei disso. Por esse motivo, vou lhe arrumar alguns livros para que possa estudar com bastante calma.

– E que livros são esses?

– As obras básicas de Allan Kardec, ditadas por vários Espíritos, e uma coleção de livros psicografados por Francisco Cândido Xavier, o conhecido Chico Xavier. Esses livros foram escritos, como já disse, através de psicografia, pelo Espírito de um médico, de nome André Luiz. Nesses livros, você irá encontrar as explicações para todas as suas dúvidas e o esclarecimento sobre todos esses assuntos.

– Já ouvi falar a respeito da psicografia – interrompe Haroldo que, até aquele momento, limitara-se a ouvir – O Espírito se comunica, utilizando a mão do médium para deixar a sua mensagem, não é?

— Isso mesmo — confirma Léo.

— Como disse, já ouvi falar disso, mas devo confessar que não consigo acreditar.

— E eu não entendo uma coisa — diz Nelma —: Eolo disse que viu um parapente no domingo. Isso é possível, Léo?

— Espíritos Superiores, que acredito ser o caso desse nosso irmão Rubens, têm a capacidade de conseguir o que desejam e mesmo apresentarem-se da maneira que mais lhes aprouver.

— Também não consigo entender o porquê de tudo isso — fala Eolo — Quando perguntei ao Rubens, ele me disse que em breve saberei a razão. Você tem alguma idéia, Léo? Por que todo esse trabalho, essa atenção para comigo? Resumindo: por que eu?

— O que posso lhe dizer, Eolo, é que a espiritualidade sabe o que faz e se isso está acontecendo com você, é porque existe alguma forte razão. Além do mais, essa sua mediunidade não surgiu por acaso. Certamente, você já reencarnou com esse comprometimento.

— Comprometimento?

— Sim. Muitos, antes da reencarnação, já se comprometem com a Espiritualidade Maior, com algum trabalho aqui no plano material e os médiuns têm essa particularidade, assim como tantos outros que, mesmo sem trabalharem com a mediunidade, se comprometem a trabalhar em outros setores. Mas, respondendo mais corretamente à sua pergunta, posso dizer-lhe que essa foi a melhor forma de chamar a sua atenção para a Doutrina Espírita. Veja que você já está com trinta e oito anos de idade e ainda não se viu diante da oportunidade de cruzar com o Espiritismo. Agora, nada impede que você não queira seguir esse caminho. Todos nós temos o livre-arbítrio de fazer o que acharmos melhor. Outra coisa muito importante, Eolo, é que ninguém tem a pretensão de fazê-lo aceitar as verdades do Espiritismo. Você deverá, se quiser, estudar e raciocinar sobre essa Doutrina porque, se aceitá-la e resolver segui-la e trabalhar por ela, é muito importante que realmente acredite em suas verdades. O Espiritismo, através de seus adeptos, nunca, ou pelo menos, não deve ser imposto a alguém e, sim, ser levada a oportunidade para que esse alguém o estude e resolva, por si próprio, se deve ou não segui-lo. E material de estudo é o que não falta. São muitos os livros bons que falam sobre o assunto.

– Gostaria muito de estudar essa Doutrina, Léo. Se você puder me indicar os livros corretos...

– É o que faremos, Eolo – interfere Mara.

* * *

Nesse mesmo momento, no plano espiritual:

– E, então, Rubens? Falou com Eolo? – pergunta Geraldo àquele que muito o auxiliou quando de sua desencarnação e que agora o abriga em sua moradia numa colônia do plano espiritual. Trata-se de uma colônia de socorro com um grande hospital e escola que ministra cursos para aqueles que ali chegam. Geraldo, quando lá chegara, socorrido que fora por uma equipe da qual Rubens fazia parte, passou por um período de adaptação, aprendendo a superar a saudade dos seus. Agora, freqüentando um curso de formação de visitadores da crosta, tivera sua primeira oportunidade prática quando, auxiliado por equipe treinada, falara com Eolo. Utilizara o apelido "Lolô", carinhosamente utilizado por ele quando na Terra, a fim de dar veracidade à comunicação. Ainda não possuía todos os conhecimentos para atuar mais diretamente sobre os encarnados, mas lhe fora permitida essa pequena missão, tendo em vista o seu grande relacionamento com o cunhado, quando no plano terrestre. Geraldo, Espírito já bastante desenvolvido em termos de bondade e desprendimento, tivera uma missão muito comum na Terra: a de influenciar os passos de outro Espírito encarnado, no caso, Eolo. E isso lograra com pleno êxito. Conseguira encaminhá-lo em trabalhos de assistência a necessitados, trabalho até hoje desenvolvido por Eolo num orfanato para o qual dedicava algumas horas da semana auxiliando as crianças, bem como auxílio financeiro à entidade mantenedora da instituição beneficente. Na verdade, seu maior trabalho era o de angariar, cada vez mais, novos contribuintes para o orfanato. Agora, chegara a hora de desenvolver um outro trabalho: o da mediunidade.

— Falei, Geraldo, e creio ter tido o sucesso esperado. Eolo demonstra grande interesse pela Doutrina e pude perceber que muitos conhecimentos que já detinha antes de seu retorno material à Terra, parecem estar lhe vindo à tona. Entendeu e aceitou as idéias como se elas lhe fossem bastante familiares.

— E você acha que ele vai trabalhar pela causa?

— Tenho grande esperança nisso.

— Que bom. Tenho certeza de que vamos conseguir o nosso intento.

— E teremos também um grande trabalho para protegê-lo. Percebi a presença, embora distante, de Romão e Emídio. Não conseguiram aproximar-se de nós por causa da proteção que tivemos, mas não vacilarão em tentar impedir o sucesso da missão.

— Quem são eles, na verdade, Rubens? Você pediu-me que tomasse cuidado, mas não me disse quem são ou quem foram, quando encarnados.

— Creio que você não esteja ainda em condições de ter conhecimento de seu passado, Geraldo. Apenas posso lhe adiantar que essas duas criaturas possuem forte ligação conosco. Com você, comigo e com Eolo. Oportunamente, eu lhe darei mais detalhes.

— Apenas me diga uma coisa: essa ligação remonta de muito tempo?

— Muito tempo, sim, Geraldo. Mais de um século atrás.

— E eles nutrem ódio por Eolo?

— Sim. Muito ódio.

– Culpa de Eolo?

– Na verdade, resgates de um outro passado e nossa grande missão, além de apoiar Eolo, é a de auxiliar esses dois Espíritos bastante infelizes, mergulhados e escravos do ódio e do pensamento de vingança.

Romão e Emídio

No sábado seguinte, vamos encontrar Romão e Emídio, acocorados bem à borda de um ponto da montanha, um pouco distante de onde Eolo costuma decolar. Na verdade, encontram-se naquele mesmo local, porém numa outra dimensão, mais precisamente, em zona umbralina, espacialmente localizada naquele mesmo local, em outra faixa de vibração. Espíritos infelizes, presos a passado bastante distante, ainda trajam vestimentas do século XIX, bastante puídas e esfarrapadas e suas faces trazem a marca da maldade, da revolta e do ódio. Romão ainda possui característica bastante peculiar: traz sobre o ombro esquerdo, uma negra ave que sempre o acompanha. Não se trata de ave conhecida e catalogada por algum ornitólogo, misto de urubu com algum tipo de gavião e suas penas mais se parecem a pêlos embaraçados e espetados em pele vermelha, com muitas falhas. Verdadeiramente, um estranho trio, haja vista que a ave nada mais é do que uma entidade de há muito transmudada naquela apresentação através da hipnose de habitantes da zona umbralina. E a visão que se tem daquele cenário em nada se parece com a imagem vista pelos olhos de alguém do plano material, que ali certamente verá um céu muito azul e nuvens muito brancas, iluminadas pelo Sol, bem como diversos matizes coloridos em algumas pequeninas flores a pontilhar um chão gramado e com pequenos espaços de vegetação rasteira. Porém, pelos olhos de um médium vidente, por exemplo, alcançando a dimensão onde aquelas criaturas se postam, o cenário visto seria bem outro: uma montanha com afiadas farpas em desnível, céu tingido de um marrom-avermelhado, tudo iluminado por um sol que, apesar de ser o mesmo, não consegue transpor com facilidade os seus raios, tornando o ambiente sombrio e bastante aterrador. No solo, lama pegajosa a lançar vapores fétidos e asfixiantes. Quantas são as visões de um mesmo local em diferentes dimensões!

– Sabe, Romão, estou cansado. Parece que minhas forças se esgotam a cada momento.

– Você está se tornando um fraco, Emídio! – esbraveja o outro, visivelmente irado – Agora que estamos perto, agora que finalmente o encontramos, agora que teremos ajuda da legião de Breno, você vem me dizer que está cansado?! Eu lhe torço o pescoço, ingrato!

A horrenda ave, parecendo perceber a fúria de seu dono, vira-se para Emídio e emite ameaçador som gutural, empertigando-se e necessitando movimentar as asas para não cair, agarrando-se mais ainda no ombro que a sustenta.

– Mas não iremos conseguir nada. Eolo agora tem a proteção de Rubens e dos seus. Já estão até conseguindo convencê-lo a trabalhar para eles.

– Pois iremos impedi-lo! Iremos impedi-lo! Custe o que custar! Mas o que está acontecendo com você, Emídio?! Jurou me apoiar até o fim! Jurou!

– Sim, eu jurei, mas...

– Mas o quê?!

Emídio abaixa a cabeça, desalentado e temeroso de falar o que sente.

– Fale, infeliz! Sabe que detesto que me escondam alguma coisa! O que passa por essa sua cabeça?! Fale!

A ave torna a empertigar-se ameaçadora.

– Tenho recebido algumas visitas – acaba confessando o

outro, o que torna Romão mais irritado ainda, espumando pela boca.

— Mas era só o que me faltava! Será que terei que impedi-lo de dormir?! Será que terei que ordenar a Gávio que tome conta de você?!

Gávio é o nome do pássaro que, ouvindo o que Romão diz, salta de seu ombro em direção a Emídio, pousando-lhe nas costas e bicando doloridamente o seu pescoço.

— Pare! Pare! Romão, faça-o parar! Sai de cima de mim! — grita desesperado, tentando defender-se com os braços.

— Chega, Gávio! Volte aqui!

A ave obedece prontamente.

— Agora, fale, Emídio! Desembuche! Quem o está visitando?! Fale de uma vez!

Emídio se ajoelha e, com lágrimas nos olhos, confessa:

— Nossa mãe, Romão, nossa mãe.

— Mãe?! Que mãe?! Você está louco?! Não temos mãe! Não temos mãe! — berra, revoltado.

— Temos, sim, Romão. A mãe vem me visitar em meus sonhos.

— E você acredita, Emídio?! Isso é obra dos nossos inimigos! Estão enganando você!

— Não é engano, não. É a mãe.

— E por que somente agora ela resolveu vir até você, heim?! Por que não veio antes?! Não nos abandonou quando meninos?!

— Ela está arrependida, Romão. E quer nos ajudar.

— Ah, ela quer nos ajudar? Pois então diga a ela para vir nos ajudar em nossa missão. Que ela venha para destruir Eolo, que tanto mal nos causou. E nosso pai?! Onde está nosso pai?! Ela lhe disse?!

— Ela não sabe.

— Ah, ela não sabe?! Se há alguém que deveria vir nos ajudar é o nosso pai, Emídio! O nosso pai! E ela não fala nada, não é?!

— Ela diz que devemos nos esquecer dessa vingança. Que iremos sofrer muito mais se conseguirmos o nosso intento.

— Cale-se, Emídio! Cale-se! E deixe de ser tolo e enganar-se desse jeito! E mesmo que fosse "sua" mãe, ela não sofreu o que sofremos.

— Nossa mãe, Romão.

— Eu não tenho mãe! Eu não tenho mãe! E pare com esse assunto ou já sabe o que lhe acontecerá! Quer ver?!

— Não, Romão. Não, por favor.

— Então, cale-se! Cale-se!

— Está bem — concorda Emídio, cansado e bastante abatido. Possui pelo irmão uma grande dedicação e, principalmente, um grande débito para com ele, pois sente-se também culpado pelas desventuras por que ele passou quando encarnado — Está bem. Não falo mais.

— Ótimo. Agora, vamos até a casa daquele infeliz do Eolo, ver o que está acontecendo por lá. Ele ficou muito tempo à mercê de Rubens e penso que já está com a idéia de se bandear para aquela religião que insiste em interferir na vida de todo mundo, inclusive na vida de outros tantos como nós.

— Vamos lá.

— Já tenho um plano que, tenho certeza, não falhará. Principalmente agora com a ajuda da legião de Breno.

— E quando começarão a nos ajudar?

— Assim que os chamarmos.

— E por que irão nos ajudar?

– Emídio, tem momentos que acho que você não tem miolos. Não é capaz de perceber as coisas.

– Mas que coisas, Romão? Não tenho a menor idéia do porquê de Breno nos ajudar. Já nos molestaram tanto no passado... Aliás, nem consigo compreender como você ainda consegue aliar-se a eles.

– Eu não estou me aliando a ninguém, imbecil! Apenas estou juntando forças.

– E que interesse eles têm em prejudicar Eolo? Que eu saiba nunca tiveram seus caminhos cruzados.

– Raciocine um pouco, Emídio. Breno e os seus seguidores fazem parte da Grande Irmandade dos Inimigos do Cristo, inimiga mortal dos seguidores da Doutrina Espírita, esses intrometidos que vivem a nos bisbilhotar e desorganizar os nossos grupos de vingadores, e Eolo, pelo que Breno tomou conhecimento, já se encontra com propósito determinado a trabalhar por essa Doutrina. Na verdade, a Grande Irmandade colocou Breno e os seus nessa missão de impedi-lo de seguir avante.

– Isso até entendo. O que não entendo é o porquê de nos envolver, já que não nos suportam. Poderiam bem fazer o serviço sozinhos.

– Raciocine, Emídio! Raciocine! É da nossa força que eles precisam! Precisam da nossa força!

– Da nossa força? – pergunta Emídio, já com receio de fazer tantas perguntas ao irmão.

– Nós possuímos uma força muito maior que a deles.

– E que força é essa?

– A força do ódio, Emídio! A força do ódio! Quem deles odeia tanto Eolo quanto nós, heim?! Diga!

Emídio permanece calado. Na verdade, já chegara a sentir um grande ódio por Eolo, que tanto prejudicara seu pai, seu irmão e a ele, mas com o passar do tempo, e com as freqüentes visitas da mãe que tenta demovê-los do intento, não possui mais esse sentimento que já lhe fora tão intenso. A mãe vem conseguindo abrandar seu coração durante os momentos em que se desprende do perispírito durante o sono e a encontra, já que esta não consegue, ainda, fazer-se ver durante o estado de vigília dele. Ela os abandonara quando crianças, Romão com oito anos de idade e Emídio, com seis, isso em meados da segunda metade do século dezenove, em Portugal, quando deixara o marido e os filhos, iludida por um antigo amor da adolescência, que acabou por abandoná-la no Brasil, onde acabou conhecendo a miséria. Acometida de terrível doença, desencarnou, jovem ainda. Muito sofreu nas malhas do arrependimento e nas mãos de implacáveis perquiridores religiosos na região umbralina para onde se viu tragada após o desenlace. Com o passar do tempo, buscando auxílio no Mestre Jesus, através de muita oração, viu-se resgatada por equipe socorrista e, após muito trabalho na seara do Bem, conseguiu a dádiva de procurar os filhos a fim de lhes oferecer aquilo que lhes negara por insensata decisão: o amor maternal, isento de quaisquer interesses pessoais. Muitos e muitos anos se passaram até conseguir encontrá-los, presos no ódio por um antigo companheiro, hoje Eolo, que, no passado, através de um ato irresponsável, de certa forma concorrera para que suas vidas lhes fossem furtadas mas que, com o passar do tempo, modificara-se a tal ponto que detinha agora a grande missão de espalhar as luzes do Evangelho de Jesus, através do ensino da Doutrina Espírita. E Matilde, mãe de Romão e Emídio, vem conseguindo, aos poucos, demover Emídio do sentimento de ódio e vingança que ele e Romão vêm nutrindo por Eolo durante tanto tempo e que a fronteira marítima conseguira separar por muitos lustros, mas que agora, após tantos embates, conseguiram ambos encontrá-lo no Brasil, ora encarnado. Emídio, por sua vez, já perdoou a mãe e sabe que terá que modificar-se muito para ter a felicidade de realmente encontrá-la numa mesma dimensão e poder abraçá-la com mais realidade, já que, os carinhos que recebe durante o desprendimento do sono, apenas lhes vêm à mente por vagas lembranças. Almeja muito viver felizes momentos com a mãe querida e dizer-lhe o quanto a ama e perdoa. Mas sente-se preso ao irmão pela força do próprio amor que os e também pelo apelo que Matilde lhe fez, pedindo-lhe que acompanhasse Romão a fim de tentar convencê-lo a libertar-se dessas algemas de ódio que tanto o faziam sofrer. Sabe que isso delongará certo tempo e que necessário se faz ter paciência, muita paciência. Percebe, também, o quanto Eolo modificou-se e não se assemelha, nem de longe, com aquele jovem que tanto os magoara. Sabe que é ele, reencarnado, fato esse devidamente comprovado pela mãe, mas percebe que uma grande modificação se operara naquele homem que tanto bem procurava distribuir entre os mais necessitados. E é com esses pensamentos que laconicamente responde ao irmão, pois percebe não ter chegado a hora, ainda, de tentar persuadi-lo mais frontalmente:

— Você tem razão, Romão. Você tem razão.

— Agora, vamos até a casa de Eolo. Quero ver o que lá se passa.

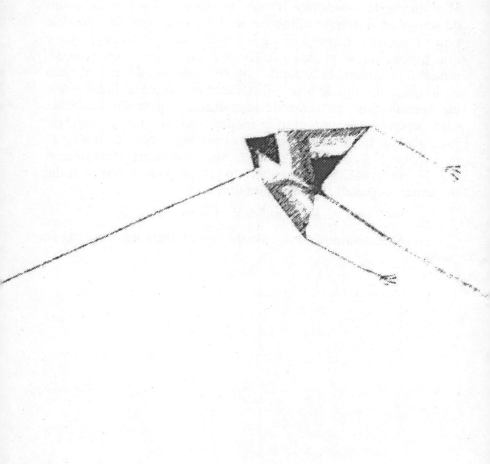

A pipa

(Portugal, século XIX)

— Mas é muito grande, Ézio. Será que vai voar? – pergunta Romão, garoto de catorze anos de idade, ao amigo.

— Pois tenho certeza que sim.

— E por que tem tanta certeza?

— Veja bem: nós não fazemos pipas pequenas e elas voam?

— Sim, mas são pequenas.

— E se soltássemos diversas pipas pequenas? Elas não iriam voar?

— Sim – responde, agora, Emídio, irmão de Romão, doze anos de idade, ao amigo Ézio, com quinze.

— Pois, então. Para cada pipa não há uma porção de vento que a faz subir?

— Há. E daí?

— Daí que se emendarmos todas essas pipas pequenas, uma ao lado da outra, elas não voariam com a porção de vento que sopra em cada uma delas?

— Creio que sim. Mas você não emendou muitas pipas.

— Aí é que reside o segredo. Quando fiz esta pipa enorme, foi como se tivesse emendado várias.

Os dois garotos olham um para o outro e exclamam, entusiasmados, quase a uma só voz:

— Não é que você tem razão? Essa pipa vai voar, mesmo!

— E as varetas? Irão agüentar?

— Apenas aumentei um pouquinho a grossura delas, mas creio ter acrescentado pouco peso com isso.

— Mas, então, vamos soltá-la, Ézio.

— Não posso esperar para ver essa pipa no céu!

— Vamos lá. Ajudem-me a levá-la até o alto do morro.

— Podemos usar o carrinho de mão de meu pai – diz Romão.

— Boa idéia, Romão. Vamos falar com ele – sugere Emídio.

* * *

— Podem usar o carrinho – concorda seu Manoel, pai de Romão e Emídio – Mas cuidado com ele. Não vão me quebrar nenhuma roda lá no morro, heim?

— Fique tranqüilo, seu Manoel – diz Ézio – Tomaremos bastante cuidado.

— E não se esqueçam de que amanhã terão um servicinho para fazer aqui no empório.

— Pode deixar, pai. Amanhã bem cedo, começaremos a retirar os brotos das batatas.

— Também virei – promete Ézio.

E os garotos já estão saindo do estabelecimento comercial quando seu Manoel diz:

— Muito boa sua idéia, Ézio. Também creio que isso irá voar.

— Vai voar, sim.

— Mas também quero que não se esqueçam de que, logo, logo, não terão mais toda essa liberdade para brincar. Afinal de contas, já estão todos bem crescidinhos. Inclusive, Ézio, seu pai já me falou de sua preocupação com você.

— Comigo?

— Sim. Disse-me estar preocupado com essa sua fixação em querer fazer as coisas voarem.

— Bem que o homem poderia ter asas, não, seu Manoel?

— Poderia, mas não tem.

— É uma pena...

— É uma pena mesmo que está fazendo falta ao homem — brinca Romão.

Todos riem da brincadeira e já se encontram a alguns metros da loja, quando seu Manoel os chama:

— Esperem um pouco.

— O que foi, meu pai? — pergunta Romão.

O homem pensa um pouco, olha para cada um dos meninos e diz a Ézio.

— Escute aqui, rapazinho. Deixe-me dizer-lhe uma coisa: essas pipas que vocês vivem a soltar servem apenas para que, subindo ao alto, vocês fiquem a olhá-la daqui de baixo, ouviu?

— Por que está nos dizendo isso? — pergunta Ézio.

— Digo isso, porque já posso imaginar as estranhas idéias que lhes passam pela cabeça.

— E que idéias são essas, seu Manoel?

O homem coça o cavanhaque e, olhando sério para Ézio, aponta-lhe o indicador como ameaça:

– O vento lá no morro é muito forte e se eu souber que algum de vocês resolveu pendurar-se numa dessas pipas, prometo que dou uma surra de vara de marmelo em cada um. Não em você, Ézio, que não é meu filho, mas tenho absoluta certeza de que seu pai o fará assim que souber disso.

– Mas de onde tirou essa idéia, seu Manoel? – pergunta Ézio.

– Não sou tolo, menino. E posso muito bem imaginar o que lhe pode passar por essa sua cabeça de vento.

Ézio franze o cenho e pergunta:

– Seu Manoel, diga-me uma coisa, por favor: o senhor acha que uma pipa poderia levantar um homem?

– Eu não acho nada, garoto. Apenas lembre-se muito bem disso que lhe estou dizendo. Já ouvi falar de alguns loucos que estão a tentar esse feito e de alguns outros que sucumbiram por isso. Além do mais, se Deus quisesse que o homem voasse, já teria dado asas a ele.

– O senhor já ouviu falar de alguém que conseguiu voar?

– Caiam fora, agora! – esbraveja seu Manoel – Tenho muito o que fazer. E não se esqueçam do que eu lhes disse.

– Não se preocupe, seu Manoel.

– Nem pense numa coisa dessas – complementa Romão.

– Muito bem. Agora, vão.

E os três garotos partem em direção ao alto do morro com a pipa sobre o carrinho de madeira. Na verdade, teriam tido menos trabalho e feito menos força se tivessem carregado a pipa com as mãos, tamanho ficou o peso do carrinho na subida, mas temiam que um vento forte a danificasse. Em pouco mais de meia hora, chegam ao alto da elevação.

– Que vento forte! – exclama Ézio.

– Espero que ela agüente.

– Irá agüentar, sim – diz, animado, Emídio.

– Vou amarrar a cordinha nela – informa Ézio, já com o longo fio enrolado num pedaço de galho, desbastado para ficar bem liso.

– O ideal seria se tivéssemos mais corda, heim, Ézio?

– Já estou providenciando isso – informa – Meu tio prometeu que irá arrumar-me mais um pouco. Pronto, me ajudem aqui. Carreguem a pipa até aquela elevação. O vento está soprando para lá.

Os meninos, então, alegremente atendem ao pedido do amigo que vai soltando a cordinha à medida que se afastam.

– Pronto. Aí está bom.

– Podemos soltá-la?

– Ergam-na um pouco mais. Isso. Agora! Soltem-na!

– Meu Deus! – gritam os três – Ela vai voar! Ela vai voar!

E a pipa, sustentada pelo forte vento, solavanca para baixo e para cima, aos golpes dados na cordinha por Ézio, e começa a ganhar altura.

– Está subindo! Está subindo!

– Você é muito inteligente, Ézio! – grita Romão.

– Está subindo rápido! – grita Emídio.

– Penso que, quanto maior o seu tamanho, melhor responde ao vento! – diz Ézio, visivelmente emocionado com o sucesso alcançado.

E a pipa continua a subir.

– Vejam: quase não preciso impulsionar muito a cordinha.

— Que beleza! — finaliza Romão, deitando-se na grama do morro, sendo imitado por seu irmão e, inclusive por Ézio que, mesmo deitado, consegue controlar o seu invento. E assim deixam-se ficar com os olhos fixos na pipa, revezando-se na posse da cordinha. Gostavam de sentir a força que o vento impunha à pipa e que podiam sentir na mão a segurar o fio.

Nesse momento, uma ave de médio porte pousa a uns vinte metros deles e começa a bicar o solo, certamente, alimentando-se de algum inseto ou larva. Em seguida, alça vôo novamente e põe-se a voar em círculos e os garotos ficam a observá-la.

— Sabem —, diz Ézio — gostaria de ser um pássaro.

— Um pássaro?

— Sim, um pássaro.

— Para poder voar, não é? — pergunta Romão.

— Sim, para poder voar, sentindo o vento no rosto, vendo o mundo de cima, pousando quando quisesse, tornando a partir, também quando quisesse.

— É... seria bom.

— Garanto que faria vôos bem diferentes.

— Vôos diferentes?

— Isso mesmo. Voaria de lado, de costas, atiraria meu corpo em velocidade por sobre as rochas, o mar e, assim que estivesse bem próximo, retornaria para o céu. Atingiria as nuvens.

— Do que são feitas as nuvens, Ézio? — pergunta Emídio.

— Não sei, mas descobriria.

— Será que veríamos os santos, os anjos e até Deus se as ultrapassássemos? — torna a perguntar o menino.

— Não sei, Emídio. Talvez... — responde Ézio, parecendo sonhar com tudo o que diz — O que sei é que seria livre.

– Isso é verdade. Os pássaros são as criaturas mais livres que conheço – diz, agora, Romão – Nem precisam temer os outros animais. Basta voar para fugir deles.

– Penso que os pássaros são os filhos mais queridos de Deus – afirma Ézio.

– Mais queridos?

– Sim. Não necessitam lutar para conseguir o que querem, nem guerrear para defender suas terras, praticamente não possuem inimigos.

– Nem são orgulhosos e nem poderosos.

– Não prejudicam ninguém por causa de poucas moedas, como o homem.

– E nem precisam usar roupas.

– Outros animais também não, mas o que mais admiro e por isso afirmo que são os filhos mais queridos de Deus é que não lutam e, principalmente, podem voar.

– Sabe que concordo com você, Ézio? – comenta Romão – Também penso que são os filhos preferidos de Deus, sim. Afinal de contas não são apenas eles que conseguem chegar mais próximo Dele? O padre disse que Deus mora no Céu.

– Não estou dizendo? E notem que são as criaturas mais elegantes. Vejam quando voam. Batem mansamente as asas e parecem flutuar pelo céu.

– Como gostaria de voar...

– É... não somos nada, mesmo. Parecemos pedras presas aqui embaixo.

– Somos menos do que essa pipa – arrisca Emídio, sempre tímido em dar sua opinião.

– Ora, não fale bobagem, Emídio! – ralha com ele Romão.

— Ele está certo, Romão. Deus poderia, pelo menos, nos ter criado com pouco peso.

— Com pouco peso?

— Sim, com pouco peso. Dessa maneira, poderíamos amarrar uma corda em nós e nos levantarmos com o vento.

— Mas se fosse assim, Ézio, você há de convir que teríamos que viver com uma pesada pedra amarrada em nós, pois senão, estaríamos sempre sendo levados pelo vento.

Ézio sorri e concorda.

— É... nisso você tem razão. Mas deveria haver um meio.

Os garotos permanecem mais um pouco em silêncio até que Ézio dá um salto, sentando-se na grama.

— Esperem, tive uma idéia! Uma grande idéia!

— Uma idéia?

— Sim, uma idéia. Aliás, na verdade, não é uma idéia minha, mas de seu pai.

— De meu pai?

— Você não se lembra que ele nos ameaçou de uma surra se tivéssemos a idéia de nos amarrarmos numa pipa para voarmos, presos a ela?

— Sim, mas você não está querendo dizer que...

— E por que não? — interrompe Ézio.

— Você está louco, Ézio?! Uma pipa não nos agüentaria.

— Uma pipa comum, não.

— Como assim?

— Vou lhes mostrar.

E dizendo isso, Ézio começa a enrolar a cordinha, fazendo baixar a pipa.

— Você não vai brincar mais? — pergunta Emídio.

— Vamos, sim, mas quero lhes mostrar uma coisa.

Os garotos ficam a observá-lo até que a pipa venha a parar em suas mãos.

— Venham cá. Pegue a pipa, Romão, e sinta o seu peso.

— O seu peso?

— Isso mesmo. Sinta o seu peso.

— Estou sentindo. E daí?

— Vamos fazer uma experiência. Segure-a com apenas uma mão.

Ézio, então, tira a camisa e a coloca na outra mão do amigo.

— O que me diz? A camisa é mais pesada do que a pipa?

— Não sei dizer. Talvez um pouquinho mais.

— Muito bem. Prestem atenção. Vou cortar um pedaço desta cordinha, fazer um pequeno pacote com esta camisa e amarrá-la numa de suas pontas. Agora, amarro a outra ponta na parte de baixo da vareta.

— Você acha que ela vai levantar, levando a camisa?

— Pois tenho certeza. Levem-na novamente até aquela elevação.

Os meninos obedecem.

— Soltem-na agora! Agora!

A gritaria é geral. A pipa, apesar de um pouco mais de dificuldade, ganha novamente os ares e começa a elevar-se levando a camisa de Ézio.

— Deu certo, Ézio! Deu certo!

— Mas foi apenas uma camisa — resmunga Emídio — Quero ver ela levar uma camisa com alguém dentro dela.

— É lógico que essa pipa não vai conseguir isso, Emídio. Mas será que uma pipa bem maior...?

— Precisaríamos de bastante vento – retruca Emídio.

— E uma pipa bastante forte – emenda Romão.

— Mas uma pipa para ser bastante forte ficará muito pesada – rebate, ainda, Emídio.

— Bastante forte não quer dizer bastante pesada, Emídio – explica Ézio – Necessitamos, isso sim, de um vento bastante forte, como você mesmo disse.

— Talvez mais lá no alto – sugere Romão.

— Isso mesmo. Lá em cima o vento deve ser mais forte.

— Mas você não vai querer experimentar, não é?

Ézio dá um pequeno sorriso e responde:

— E por que não?

— O tecido não agüentaria.

— Podemos usar um tecido mais grosso e as armações poderão ser feitas de um material mais resistente.

— Como um galho de árvore, Ézio?

— Quem sabe?

— Eu não vou participar dessa brincadeira, Ézio. Se meu pai descobrir, levarei uma grande surra – diz Emídio.

— Eu também não – diz Romão, sem muita convicção.

— Mas e se tivermos sucesso? Ele irá ficar orgulhoso de vocês. Tenho certeza de que meu pai também.

— Se conseguirmos? Eu não vou experimentar isso.

— Nem eu.

— É evidente que serei o primeiro a voar.

— Não sei, não, Ézio. Acho muito perigoso.

— *Faremos uma experiência com algum objeto com o nosso peso.*

— *Assim, pode ser, mas continuo a insistir: não vou subir nessa coisa. Tenho medo de altura.*

— *Você só vai ficar com a outra ponta da corda.*

— *Ainda penso que não é uma boa idéia.*

Novas elucidações

— Veja, Romão, quem está em frente à loja de Eolo.
— É Breno e três de seus asseclas. Vamos até lá.

Romão e Emídio haviam ido até a casa de Eolo, mas não o encontrando lá, decidiram ir até seu estabelecimento comercial.

— Aproxime-se, Romão! – ordena Breno, que não sabe falar de outra forma a não ser ordenando. Romão e Emídio atendem à ordem.

— Estamos à procura de Eolo. Queremos saber o que está acontecendo – dizem.

— Fizeram bem em vir. Estamos precisando de seus préstimos – informa Breno.

— Algum plano?

— Mais ou menos. Não vai ser fácil. Parece que Eolo está mesmo disposto a trabalhar para os nossos inimigos. Aquele imbecil do Rubens conseguiu o que queria: convencê-lo a seguir essa doutrina que tanto nos atrapalha e que vem nos roubando muitos seguidores.

— Não estou nem um pouco me importando com isso. Apenas desejo vingança.

— Mas terá que passar a se preocupar porque se Eolo realmente tornar-se um adepto dessa religião, será difícil conseguir esse seu intento.

— Religião alguma o libertará de mim e da minha ira! — esbraveja Romão. Emídio continua em silêncio.

— Compreendo você — diz Breno, denotando falsa compreensão, no intuito de fazê-lo trabalhar para ele —, mas será necessário muita calma e muita inteligência para que possa derrotá-lo e colocá-lo à sua mercê.

Romão cala-se, contrariado.

— Muita inteligência e planejamento — complementa o outro — Por isso, não se esqueça: não quero pôr tudo a perder por causa de nenhum tipo de impulsividade de sua parte. Se quer trabalhar em conjunto comigo e com os meus, terá que me obedecer, terá que seguir os meus planos.

— E por que terei que fazer isso?! — pergunta, irritado e contrariado.

— Porque precisa de mim e do meu tirocínio e, principalmente, porque se eu perceber que poderá comprometer esta minha missão, terei que puni-lo e você sabe que tenho poderes para isso! Sabe que não se brinca com a Grande Irmandade dos Inimigos do Cristo!

Romão e Emídio estremecem.

— Sei disso — concorda Romão — E o que teremos que fazer?

— Preste atenção. Teremos que agir corretamente. Infelizmente, Eolo encontra-se refratário à nossa influência. Sua esposa e suas filhas, também. Já tentamos entrar em contato mental com eles e nada conseguimos. Dessa forma, teremos que atingi-lo através de alguma outra pessoa muito cara a ele.

— E quem seria essa pessoa?

— Seu grande amigo Haroldo — responde Breno, convicto — Você o conhece?

— Sim.

— Mas esse amigo de Eolo não se encontra também envolvido com a doutrina? - pergunta Emídio.

— Não. Na verdade, ele não aceita seus preceitos e não possui nenhuma vontade de estudá-los e, muito menos, de segui-los. Prefere não se preocupar com essas coisas. Dessa maneira, não será tão difícil envolvê-lo. Apenas precisamos descobrir o seu ponto fraco, para atacá-lo e, com isso, fazê-lo voltar-se contra Eolo. É o único plano que tenho no momento. Precisamos fazer com que Eolo sofra uma grande decepção, uma grande injustiça e um grande sentimento de ódio e revolta o que nos facilitará envolvê-lo e neutralizá-lo.

— Entendo.

— É nisso que iremos trabalhar, enquanto você e Emídio deverão colocar-se constantemente ao lado de Eolo a fim de ficarem a par de seus passos e de suas reações.

Romão pensa um pouco, enquanto sua fisionomia endurece mais e explode:

— Aquele maldito! Você acha que vou ter condições de permanecer ao seu lado, apenas observando-o, inerte e passivo?!

— Pois é o que terá que fazer! — grita-lhe Breno, colocando-se bem próximo ao rosto de Romão — É o que terá que fazer! E não faça nada além disso! Nada, entendeu?! Você não tem competência para agir sozinho! Você não é nada! E obedeça as minhas ordens ou o seu arrependimento lhe será muito amargo!

Romão, a muito custo, consegue controlar-se. Sabe que não pode enfrentar Breno e que, realmente, ele tem razão: sem ele, nada conseguirá, pois nada conseguira até então. Abaixa a cabeça e anui:

— Está certo, Breno. Vou fazer o que me pede.

— Não estou lhe pedindo nada, idiota! Estou lhe ordenando! — esbraveja o outro, mostrando a sua força.

— Venha — pede Emídio ao irmão — Vamos entrar na loja.

Com um olhar ainda de revolta, Romão encara Breno e acompanha o irmão.

— Não vou conseguir, Emídio! Não vou conseguir me controlar!

— Pois terá que fazê-lo, Romão. Além do mais, Breno tem razão. Sem ele, nada conseguiremos.

— Mas ele poderia colocar algum outro para fazer isso!

— Ele sabe que ninguém terá um empenho como o nosso.

Emídio não mais quer saber de vingança. Seu único desejo é reencontrar-se com a mãe, mas não pode abandonar o irmão e nem quer contrariá-lo. Na verdade, tem uma ponta de esperança de que algo aconteça e que o irmão modifique seus sentimentos. Já sentiu muito ódio por Eolo, mas a mãe conseguiu abrandar o seu coração e até já consegue compreender que, no fundo, a culpa de tudo o que aconteceu não pertence somente a Eolo, mas sim, dos três. Nesse momento, entram no estabelecimento comercial de Eolo e encontram-no em sua sala que lhe serve de escritório.

— Veja o criminoso, Emídio! Veja! Veja a cara de santo! Que ódio!

— Acalme-se, Romão. Lembre-se do que disse Breno e ele não estava brincando. Vamos observar apenas.

Eolo encontra-se sentado à sua mesa de trabalho e lê um livro.

— Vamos ver o que esse criminoso está lendo!

Assim que Romão se aproxima, Eolo sente um calafrio a lhe percorrer a espinha e repentino mal-estar o envolve.

— Meu Deus! O que é isso? — exclama — Que tontura repentina...

Fecha o livro e levanta-se, dirigindo-se até pequena geladeira, de lá tirando uma garrafa d'água com a qual enche um copo e bebe.

– Veja o que ele está lendo, Emídio! *O Livro dos Espíritos*, de Allan Kardec! Pelo jeito, está se bandeando mesmo para o lado daqueles cretinos!

– Parece que ele está levando a sério a Doutrina – comenta Emídio.

Nesse momento, entra Armando com alguns papéis para entregar a Eolo e percebe que ele se encontra com uma fisionomia estranha e um pouco pálido.

– Está sentindo alguma coisa, Eolo? – pergunta – Você me parece doente.

– Não sei, Armando. Senti ligeiro mal-estar, mas já estou melhorando.

– Quer que eu faça alguma coisa?

– Não, não. Apenas gostaria que me fizesse o favor de levar esta correspondência até o correio.

– Vou levá-la já.

– Obrigado.

O rapaz sai e Eolo volta a sentar-se.

– Sentiu-se mal com a minha presença, não é?! – brada Romão – Pois vou fazê-lo sentir-se pior ainda!

– Não faça isso, Romão. Estamos aqui apenas para observá-lo.

Mas Romão não o ouve e posta-se bem próximo a ele, bem no momento em que abre o livro.

– Meu Deus! Outra vez? – pensa, sentindo novamente a tontura – Será que é este livro? Não, não pode ser. Um livro com tantos ensinamentos, tantas verdades...

Armando abre a porta novamente e dá passagem a Léo.

— Visita para você, Eolo.

— Oh, Léo, como vai?

— Tudo bem, Eolo — responde o homem, notando o livro aberto sobre a mesa — Pelo que vejo, está levando a sério o estudo.

— Sim, mas está acontecendo algo que não sei explicar.

E Eolo conta a Léo sobre o mal-estar.

— Será o livro, Léo?

— Pode ter certeza que não, Eolo. De qualquer maneira, se me permite, gostaria que me acompanhasse mentalmente numa prece.

— Numa prece? Aqui?

— Sim. Por que não aqui? Todo lugar é ideal para nos lembrarmos de Deus e rogar o Seu auxílio. Só vai lhe fazer bem.

— Pode fazê-la, então. Só espere um pouco que vou pedir para que ninguém entre na sala até terminarmos.

Eolo dá essa ordem a um de seus funcionários e volta a sentar-se. Léo, então, começa:

— Deus, nosso Pai, de infinita sabedoria e misericórdia. Jesus, nosso amado Mestre, Espíritos de Luz que estão sempre a auxiliar e amparar nossos passos. Neste momento, rogamos a proteção ao nosso irmão Eolo, que passa pelo desabrochar de sua mediunidade, assim como rogamos luzes e bênçãos a infelizes irmãos que porventura estejam à frente de alguma ação de ordem inferior contra ele. Possam esses nossos irmãos serem tocados por essas luzes da Misericórdia Divina, através de Seus mensageiros. Que os seus sentimentos sejam abrandados nesta hora.

Léo continua com sua rogativa por mais alguns minutos, o suficiente para que intensa luz inunde o ambiente.

— Vamos cair fora, Emídio! — grita Romão — Eles estão chegando! Os "das luzes" estão chegando! Não quero nada com eles! Essas luzes me entorpecem os sentidos!

E assim gritando, Romão e Emídio evadem-se do local, visivelmente assustados.

— E, então, Eolo? Sente-se melhor agora?

Eolo, com lágrimas nos olhos, lhe responde:

— Que paz, Léo! Que paz estou sentindo neste momento! Há muito tempo não me sinto assim.

— É o poder da prece, Eolo. Da prece proferida com o coração.

— Meu Deus! Preciso orar mais. Na verdade, há já algum tempo não dedico alguns minutos do meu dia a uma prece.

— Faça isso sempre que sentir algo diferente e desagradável, meu amigo, e verá que tudo irá se reequilibrar novamente. Mas faça uma prece sempre em intenção de entidades que porventura sejam a causa de seu mal-estar. Na verdade, elas são muito mais necessitadas do que nós.

— Você quer dizer com isso que a causa desse meu mal-estar deveu-se à presença de Espíritos que queriam me prejudicar?

— Meu irmão, não vou lhe esconder que vislumbrei a presença de duas entidades inferiores neste ambiente, assim que me concentrei e comecei a orar.

— Você viu?

— Sim.

— E como eram eles?

— Como disse, são Espíritos infelizes que ainda se comprazem no mal, inimigos de Jesus, e principalmente da Doutrina Espírita, que vem arrebanhando companheiros seus, através do amor e do esclarecimento. A propósito, Eolo, seria muito bom que você tomasse uma série de passes lá no Centro Espírita para que essa sua mediunidade seja um pouco amainada e lhe dê tranqüilidade para que possa estudar a Doutrina e aprender sobre o que acontece.

– E quando e onde posso tomar passes?

– No Centro Espírita Allan Kardec que eu e Mara freqüentamos e onde trabalhamos. Nós temos reuniões de passes às segundas, terças e sexta-feiras. Às terças, também realizamos reuniões mediúnicas. Hoje é sábado. Depois de amanhã você poderá ir até lá. Costumamos chegar por volta das dezenove horas e os passes são ministrados às oito.

– Pois eu irei, sim. Vou ver se Nelma me acompanha.

– Isso mesmo. Leve-a também.

– A propósito, Léo, estou aqui lendo *O Livro dos Espíritos* de Allan Kardec. Poderia me falar alguma coisa sobre Allan Kardec? Outra coisa que gostaria de saber é se o Espiritismo é uma religião muito antiga.

– Você ainda vai aprender mais profundamente sobre tudo isso, Eolo, mas vou tentar lhe dar uma explicação sucinta sobre o Espiritismo e Kardec.

Eolo ajeita-se melhor na cadeira e Léo começa a explicação:

– Sabe, a essência do Espiritismo remonta muito tempo e poderá ler a respeito no início do livro *O Evangelho Segundo o Espiritsmo*, onde Sócrates, filósofo grego, há mais de quatrocentos anos antes de Cristo, seguido por seu discípulo Platão, pressentiram a idéia cristã. Os princípios fundamentais do Espiritismo encontram-se em suas doutrinas.

– Sócrates e Platão?

– Sim. Dentre as suas idéias, vários enunciados vêm ao encontro das verdades do Espiritismo. Esses enunciados enfatizavam que o homem é uma alma encarnada e que se prejudica muito quando se prende às coisas materiais e que, à medida que delas se desliga, volta-se para o que é mais puro, para a sua própria essência. Pregavam, ainda, que a alma, quando se encontra despojada de seu corpo, carrega os traços de seu caráter, de suas afeições e as marcas com que sua vida a estigmatizou e que a maior infelicidade para o homem é ir para o outro mundo com a alma carregada de pecados. Falam sobre a injustiça, dizendo que é melhor receber uma injustiça do que aplicá-la, que nunca devemos retribuir um erro com outro erro, nem fazer mal a ninguém, seja por qualquer pretexto. Comparam as boas ações com as oferendas ou com as belas orações, dizendo que aos olhos de Deus mais valem as primeiras. E que, perecendo o corpo, as almas, depois de julgadas, seriam novamente conduzidas a esta vida material como aprendizado.

– Eu não sabia disso. E quanto a Allan Kardec?

– Bem, vamos começar pelo começo. Os fenômenos espíritas, ou melhor, a influência do mundo espiritual em nosso planeta existe desde a mais remota antiguidade e já era percebida pelos mais antigos religiosos. Entretanto, foi no século dezenove que esses fenômenos começaram a ser mais notados pelo povo. Eram ruídos, pancadas e batidas inexplicáveis, inclusive movimentação de objetos que, em pouco tempo, foram considerados oriundos de alguma força desconhecida, porém inteligente.

– Estou entendendo

– Principalmente nos anos de 1.853 a 1.855, esses fenômenos acabaram se tornando um tipo de passatempo em reuniões de salão, quando curiosos passaram a utilizar o que chamavam de "mesas girantes".

– Mesas girantes?

– Sim. A "mesa girante" era uma pequena mesa com tampo redondo, com uma coluna ao centro e que se apoiava no chão por meio de três pés.

– Sei do que está falando.

– Pois bem. As pessoas sentavam-se ao redor dessa pequena mesa, colocando as mãos espalmadas sobre ela. Dessa forma, a mesa adquiria o que se costuma chamar de uma vida factícia, movimentando-se em todos os sentidos e, muitas vezes até, elevando-se no ar como se estivesse flutuando. E as pessoas descobriram que, se fizessem perguntas a essa mesa, ela lhes respondia através de pancadas com o pé.

– Respondia através de pancadas com os pés da mesa?

– Isso mesmo. Ela batia o pé a pequenos intervalos, convencionando-se corresponder o número de batidas com uma letra do alfabeto. Por exemplo: uma batida representava a letra "A", oito batidas, a letra "H" e, juntando-se as letras, formavam palavras e sentenças. As pessoas, dessa maneira, conversavam com a mesa. Faziam-lhe perguntas e esta lhes respondia. É evidente que as perguntas eram revestidas de uma grande frivolidade e, conseqüentemente, as respostas também o eram. Na verdade, encaravam aquilo como uma brincadeira que não entendiam. Foi, então, que surgiu um renomado e respeitadíssimo professor, escritor de vários livros pedagógicos e profundo pesquisador, de nome Hippolyte Léon Denizard Rivail, que depois adotou o pseudônimo de Allan Kardec, porque um Espírito, de nome Zéfiro, revelou-lhe que esse teria sido o seu nome, em outra reencarnação, na Gália, quando ele vivera como um sacerdote druida. Hippolyte já havia publicado muitos livros didáticos, diversos deles adotados pela Universidade de França e era muitíssimo respeitado nos meios científicos e educacionais, tendo em vista suas obras sobre Gramática, Aritmética, Química, Física, Astronomia e Fisiologia.

– E numa outra encarnação, seu nome era Allan Kardec. Rubens falou-me a respeito da reencarnação e até achei muito bom que as pessoas, quer dizer, os Espíritos, retornem à carne para conviver com aqueles com os quais já conviveram, no intuito de terem a oportunidade de resgatar os seus débitos e modificar os seus sentimentos, muitas vezes de ódio para com eles.

– Correto, mas como estava dizendo, Allan Kardec, após ter assistido, a convite, uma dessas reuniões, resolveu levar avante séria pesquisa a respeito, pois percebera uma inteligência desconhecida a movimentar a mesa. Só que não mais perguntas frívolas eram feitas à força inteligente que movia a mesa, mas sim questões de grande seriedade, tratadas com profundo cunho científico e, desta feita, as respostas eram também sérias e reveladoras, mesmo porque os Espíritos que respondiam a Kardec eram, agora, Espíritos Superiores e não Espíritos que se prestavam a brincadeiras de salão. Allan Kardec trabalhava com muita organização, fazendo perguntas que, ao serem respondidas, eram anotadas. Foi então que, de posse dessas perguntas e respostas, compilou-as num livro que lançou em 1.857, denominado *O Livro dos Espíritos*. O mais importante disso tudo é que o Espiritismo não é uma doutrina criada pelo homem e, sim, revelada pelos Espíritos. E, da mesma maneira, pelo mesmo método e com o auxílio, também, de médiuns, editou outras obras importantíssimas, como *O Livro dos Médiuns, O Evangelho Segundo o Espiritismo, O Céu e o Inferno* e *A Gênese*. Fundou uma revista denominada *Revista Espírita, Jornal de Estudos Psicológicos* e um pequeno livro intitulado *O que é o Espiritismo*. Allan Kardec devotou-se tanto à divulgação do Espiritismo, termo este de sua autoria, que após a sua desencarnação, foi possível lançar o livro *Obras Póstumas* com todo o material que tinha deixado para publicação.

– E como essa doutrina descreve o mundo dos Espíritos e o que vem a ser, realmente, essa tal de reencarnação que, pelo que sei, é a base do Espiritismo?

– Preste atenção. O Espírito é criado por Deus, simples e ignorante, com a missão de depurar-se na prática do bem, para poder galgar planos mais elevados, através das diversas encarnações.

– Certo.

– Agora, o que acontece é que os Espíritos, quando desencarnam, não abandonam os seus hábitos, seus desejos, suas fraquezas, seus vícios e mesmo suas virtudes. Passam, sim, a habitar, no "lado de lá", planos inferiores ou superiores, dependendo de suas índoles boas ou más. E convivem com seus afins, ou seja, convivem com os Espíritos Superiores ou inferiores, em lugares de aprendizado e de trabalho em benefício do próximo ou em lugares de sofrimento e trevas, geralmente escravizados por entidades malignas e inimigas do Bem, que os fazem trabalhar em missões obsessivas aos encarnados.

– Estou impressionado...

– E isso é muito lógico. A simples mudança de plano não altera a condição moral do Espírito e, dessa forma, os mais poderosos na maldade e na ascendência mental, acabam governando os mais fracos na busca da satisfação de insanos desejos. Em mal se comparando, apenas para se ter uma idéia, veja o que ocorre nas penitenciárias onde sempre existem os chefes de verdadeiras quadrilhas internas, a escravizar os mais fracos.

– Entendo.

– O que comumente ocorre também, são as obsessões praticadas por Espíritos desencarnados a encarnados por causa de fortes sentimentos de ódio e de vingança oriundos do passado. Outras entidades desencarnadas, muitas vezes, nem se apercebem quando desencarnam, passando a viver como se estivessem sonhando com o que lhes está acontecendo, num estado de verdadeiro torpor e ficam a perambular junto a pessoas e coisas que lhes são afins. Doutras vezes, ficam passando por momentos horríveis, geralmente ligados ao momento de sua morte, principalmente, se desencarnaram com a consciência pesada, por atos menos dignos. Quantos, então, ficam a viver junto daqueles a quem amam, de maneira possessiva e egoísta, prejudicando-os com sua presença. É evidente que um dia serão auxiliados, assim que se livrarem de todo o orgulho, de toda a vaidade e de todo o egoísmo, rogando humildemente o auxílio de Deus. Geralmente, as reuniões mediúnicas realizadas pelos espíritas têm a finalidade de os auxiliarem, pois através de um médium, conseguem conversar com eles e encaminhá-los para um novo caminho, fazendo-os compreender as verdades da vida. Fazem-nos, inclusive, visualizar Espíritos amigos que irão auxiliá-los, pois como já disse, muitas vezes pensam que estão ainda vivendo no plano terrestre.

– E quanto a essa vida espiritual em outros planos da existência?

– Os Espíritos nos ensinam, através de obras psicografadas, principalmente aquelas que nos vieram através da mediunidade psicográfica de Francisco Cândido Xavier, que tudo o que existe no Universo é formado pelo fluido cósmico, também chamado de fluido universal, que é o elemento primordial. Diz o Espírito André Luiz, no livro *Evolução em Dois Mundos*, que o fluido cósmico é o plasma divino, hausto do Criador ou força nervosa do Todo-Sábio e que nesse elemento vibram e vivem constelações e sóis, mundos e seres, como se fossem peixes no oceano.

– Fluido universal?

– Sim, e que nada mais é do que energia. Aliás, toda matéria nada mais é do que energia tornada visível. Para você ter uma idéia da importância desse fluido universal, os átomos e seus elétrons, prótons e nêutrons são constituídos por ele. Conseqüentemente, nossos corpos são constituídos por átomos que, por sua vez, são constituídos pelo fluido universal e que vibram numa faixa vibratória própria deste nosso plano. Os Espíritos desencarnados são revestidos de seu perispírito que, por sua vez, também é constituído por átomos formados pelo fluido universal, só que em outra faixa vibratória.

– Como se fossem dimensões diferentes.

– Podem ser chamadas dessa maneira.

– E o que significa perispírito?

– Perispírito é o que une o Espírito ao corpo e que acompanha, ou melhor, que continua a revestir o Espírito no momento em que o seu corpo material morre. Seria o corpo do Espírito no mundo espiritual. É assim que os Espíritos podem se tocar e sentir tudo o que existe nesse seu mundo que, assim como aqui, é formado pelo fluido universal, em outra vibração, logicamente.

– Estou começando a entender. Agora, diga-me uma coisa, Léo. Vocês me disseram, em minha casa, que do outro lado da vida, no plano espiritual, existem hospitais, escolas, moradias. Como me explica isso?

– Pois é muito simples, Eolo. Nós temos a pretensão de crer que vivemos num único mundo e que somos o centro do Universo. Na verdade, somos apenas uma cópia bastante imperfeita do mundo espiritual. E é evidente que, se vivemos numa cópia do que lá existe, é porque lá existem hospitais, escolas, moradias, meios de transporte e que, por sua vez, se considerarmos um mundo espiritual mais próximo do nosso, este também será uma cópia de um outro mais perfeito e assim sucessivamente, até que se atinja um grau de evolução que não temos mais condições de entender nesta nossa condição ainda de Espíritos imperfeitos que somos. Faltariam meios de comparação para que pudéssemos compreender. É assim que os Espíritos nos ensinam através dos livros psicografados por médiuns de renome como Chico Xavier.

– Entendo e vou ler mais a respeito.

– Bem, Eolo, agora preciso ir. Espero você e Nelma na próxima segunda-feira no Centro.

– Estaremos lá.

A grande experiência

(Portugal, século XIX)

— Conseguiu arrumar os galhos, Romão? – pergunta Ézio, assim que o amigo chega numa construção abandonada em meio a um campo e próxima à montanha.

— Estão aí fora. Emídio já vai trazer para dentro.

— E o tecido?

— Já trouxe hoje de manhã. Está escondido debaixo daquele caixote ali.

Ézio vai até o local e apanha o tecido, exclamando:

— Mas este tecido é muito bom, Romão. Onde arranjou?

— Prefiro não dizer, Ézio.

— Ei! Me ajudem aqui – pede Emídio, entrando com os galhos sobre os ombros.

— Deixe-me ver essa madeira – pede Ézio – Também são excelentes e já estão lisas. Quem fez esse trabalho, Romão?

— Eu mesmo. Elas estavam cheias de farpas. Raspei tudo esta noite.

— De minha parte, consegui as cordas para a montagem e a linha para costurar as bordas em volta das cordinhas.

— Só quero lhe dizer uma coisa, Ézio – diz Romão, gravemente.

— O quê?

— Eu serei o primeiro a voar.

— E por que você? A idéia foi minha e o projeto é meu. Aliás, você nem estava querendo levar adiante esta empreitada.

— Acontece que mudei de idéia e o material mais difícil fui eu quem arrumou.

— E o que você entende em matéria de voar?

— O mesmo que você, Ézio. O que você entende? Nunca voou ou viu alguém voar.

— Mas a idéia foi minha, Romão.

— Se quiser assim, tudo bem. Se não quiser, levo o tecido e os galhos embora.

— Mas...

— Não tem "mas", Ézio.

— Está bem! Está bem! Mas não está certo. Só vou concordar porque confesso que não teria condições de arrumar todos esses materiais.

— Você promete?

— Prometo, Romão. Agora, vou riscar aqui no chão o tamanho e o formato da pipa.

Dizendo isso, Ézio apanha um graveto e risca no chão de terra batida a planta do engenho voador.

— Mas está muito grande, Ézio. Creio que o tecido não vai dar – diz Emídio.

— Tem que ser deste tamanho ou não conseguirá manter um de nós pendurado.

— Eu, você quer dizer, não é, Ézio? – conserta Romão.

— Qualquer um de nós, Romão. Você será o primeiro, mas eu serei o segundo e Emídio, o terceiro.

— Eu?! — pergunta Emídio, espantado — Eu não vou me pendurar nessa coisa aí!

— Deixe de ser medroso, meu irmão — diz Romão.

— Não me chame de medroso ou conto tudo para o pai!

— Se você não quiser voar, não precisa voar, Emídio — diz Ézio, tentando acalmá-lo.

— Romão disse que sou medroso! E eu não sou medroso! O que acontece é que não sou louco como vocês!

— Está bem, Emídio. Retiro o que disse.

— E nunca mais fale isso!

— Está bem.

— Precisamos arrumar mais tecido, Romão.

— Não vai ser fácil, Ézio. Já não sei o que vou fazer quando papai der por falta desse que eu trouxe.

— E o que faremos, então?

— Não sei.

— Quem mais teria um pedaço deste tecido, Romão? Algum amigo de seu pai?

— Só se seu Figueira tiver. Ele também deve usar para cobrir as mercadorias.

— Vamos até lá.

— Onde?

— No armazém dele.

— Você está ficando louco? Ele não nos daria nenhum pedacinho sequer.

— Mas ele não vai ter que nos dar, Romão.

— *Nada feito, Ézio. Roubar, não.*

— *Você não roubou de seu pai?*

— *Não. Apenas tomei emprestado e era um velho pedaço que, talvez, nem use mais.*

— *Talvez o seu Figueira tenha também um velho pedaço.*

— *Não podemos fazer isso.*

— *E por que não?*

— *E se ele descobrir?*

— *Talvez descubra depois que tivermos voado. Aí ficaremos famosos e ele terá até orgulho de termos voado com um pedaço de seu tecido. Também só vamos tomar emprestado.*

— *Isso não vai dar certo* — *diz Emídio, com muito medo* — *Vão vocês. Eu espero aqui.*

— *Depois não quer que eu o chame de medroso, não é?!*

— *Eu não sou medroso! E você já concordou que eu não sou medroso!*

— *Você não é medroso, Emídio* — *tenta Ézio, mais uma vez, acalmar os ânimos entre os irmãos* — *Você tem muita coragem e, por isso, deverá ficar aqui tomando conta de tudo, de todo o material.*

— *Tomando conta por quê? Não vem ninguém aqui.*

— *Nunca se sabe, Emídio.*

— *Não! Eu vou junto.*

— *Mas quem disse que eu concordei em roubar o tecido de seu Figueira?* — *pergunta Romão.*

— *Está com medo, meu irmão?* — *pergunta Emídio, com um riso zombeteiro nos lábios.*

— *Não estou com medo, não. Só acho que não é correto. Apesar de que você pode estar certo, Ézio. Se conseguirmos voar,* seremos famosos e seu Figueira até poderá sentir orgulho pelo fato de seu tecido ter voado.

– Então o que estamos esperando? Vamos até lá.

– Está bem. Vamos.

Os três rapazes partem, então, em direção ao armazém de seu Figueira.

* * *

– O que querem? – pergunta Figueira quando os meninos entram em seu estabelecimento – Desejam alguma coisa?

– Estamos só dando uma olhada, seu Figueira.

– Podem olhar à vontade, mas não mexam em nada.

– Pode ficar tranqüilo, seu Figueira – diz Romão.

– E seu pai, como vai, Romão? Já faz uns três dias que não vejo o Manoel.

– Ele está bem, seu Figueira.

E os meninos começam a percorrer o armazém, procurando por um pedaço de tecido. De repente, Ézio cutuca Romão.

– Veja... – sussurra, apontando com a cabeça para os fundos do estabelecimento, mais precisamente o quintal – Lá em cima daquela carroça.

– É um tecido e bastante velho, pelo jeito.

– E se pedíssemos para ele? – pergunta Emídio, também cochichando.

– Nem pensar, Emídio – responde Ézio – Nem pensar.

– O que estão a cochichar aí, heim, garotos?

– Estávamos falando que o senhor tem uma mangueira carregada de frutas, seu Figueira – responde, rapidamente, Ézio.

— Hum... — resmunga o homem — Muito bem, vocês podem ir até lá e apanhar duas mangas cada um. Mas duas mangas somente, heim?

— Duas mangas, seu Figueira. Somente duas mangas.

Os três dirigem-se, então, para os fundos da loja e alcançam o quintal.

— Suba no pé e nos atire as mangas, Emídio — pede Ézio, falando alto para que o homem o ouça — Mas somente seis frutas, Emídio. Duas para cada um.

— Sim, duas para cada um.

E enquanto Emídio sobe no pé, Ézio pede para que Romão vigie seu Figueira por uma fresta da porta e, rapidamente, apanha o tecido, dobra-o no menor tamanho possível e o atira para o outro lado da cerca que dá para uma rua lateral.

— Lá vai a primeira manga, Ézio — grita Emídio.

— Pode jogar.

— Lá vai a segunda.

Assim, após poucos minutos, voltam os três para o interior do armazém e, mostrando para o homem as duas mangas nas mãos de cada um, se despedem e saem.

— Muito obrigado, seu Figueira — grita Romão.

— Dê lembranças ao seu pai.

— Darei, seu Figueira.

— Vamos dar a volta por aqui e apanhar o tecido.

— Vamos depressa antes que seu Figueira decida sair.

— Ninguém poderá nos ver com isto — diz Ézio, apanhando o pacote.

— Vamos correr — grita Emídio.

E saem em desabalada carreira em direção à construção abandonada.

* * *

— Mas não está ficando linda? – pergunta Ézio, após algumas horas de trabalho.

— Você acha que vai agüentar o meu peso? – pergunta Romão.

— Fique tranqüilo. Agüentará muito mais que o seu peso.

Romão olha meio ressabiado para aquela geringonça voadora. Não parece sentir muita confiança naquilo e começa a sentir receio em amarrar-se nela e subir alguns metros que seja.

— O que foi, Romão? – pergunta Ézio, percebendo o olhar de desconfiança do amigo – Está com medo? Se estiver com medo, vôo eu.

— Eu não tenho medo de nada! Vou ser o primeiro.

— Muito bem. Já está quase pronta e o vento parece estar ótimo para empiná-la.

— Penso que já está um pouco tarde, Ézio.

— Por que tarde? Você não tem nada para fazer.

— Tenho sim. Prometi ao meu pai que estaria de volta bem antes do entardecer. Tenho um trabalho a fazer.

— Que trabalho, Romão? – pergunta Emídio – Não ouvi papai lhe pedir nada.

— Ele me pediu ontem à noite. Você não estava por perto.

— E o que ele queria?

— Não me disse. Só falou que tinha um serviço para mim.

— Bem, se ele falou, é melhor irmos para casa – aconselha Emídio.

– Pensei que íamos tentar hoje mesmo – lamenta-se Ézio.

– Terá que ficar para amanhã – diz Romão.

– Tudo bem. Se seu pai quer que volte cedo, melhor obedecer.

– Vamos, então.

* * *

No dia seguinte, os três se encontram já cedo na construção abandonada. Afastam alguns velhos caixotes que utilizaram para esconder a pipa e Ézio exclama:

– Mas não ficou uma beleza?

– Ficou muito bonita, sim – responde Emídio.

– Vocês trouxeram o carrinho para transportá-la montanha acima?

– O carrinho! Meu deus! – exclama Romão – Como pude esquecer?

– Vocês precisam ir buscá-lo.

– Não sei se vai dar, Ézio. Papai vai usá-lo hoje.

– Como papai vai usá-lo, Romão? – dispara Emídio – Papai foi para a fazenda de seu Rodrigo e só voltará à tarde.

– Mas e se ele precisar quando voltar?

– Aí já o teremos devolvido. Ei, espere um pouco! Você me parece que não está querendo mais voar, Romão. Ontem disse que papai precisava de você e não o vi fazer nenhum tipo de trabalho para ele. Agora, diz que papai poderá precisar do carrinho. Está com medo, Romão?! – pergunta Emídio.

– Eu não estou com medo nenhum! Ontem, quando chegamos em casa, papai me disse que ele já havia feito o que iria pedir para eu fazer. E agora estou preocupado porque papai poderá retornar antes da hora que costuma chegar e precisar do carrinho. Não gosto de usar as coisas de papai sem lhe pedir antes.

– Quer dizer que hoje também não poderemos tentar o vôo? – pergunta Ézio, desconsolado.

– Penso que não – responde o amigo – Quem sabe, amanhã?

– Por que não vamos, então, empinar as nossas pipas comuns, heim? – pergunta Emídio.

– Eu não quero mais saber de pipas comuns – resmunga Ézio – Agora só me interessa esta.

– O que podemos fazer? – diz Romão, sem saber o que dizer, pois sabe que os outros dois devem ter percebido que ele está inventando desculpas para não se pendurar naquela pipa – Vamos deixar para amanhã.

– Mas amanhã é dia de você cortar a lenha, Romão. Como poderá ir conosco?

– É mesmo. Como não pensei nisso antes?

– Sabe o que penso, Romão? – diz, agora, Ézio.

– O quê?

– Que seu irmão tem razão. Você está com medo de voar e está procurando um jeito de adiar essa experiência. Se estiver com medo, fale. Eu vou primeiro.

A vontade de Romão é a de concordar com o amigo, mas seu orgulho o impede. Não quer se confessar com medo.

– Não, não! Já disse que vou ser o primeiro.

– Tive uma idéia – diz Ézio – Vou pedir um carrinho emprestado para o meu tio. E vou agora mesmo. Esperem aqui.

Dizendo isso, Ézio sai em disparada pela estreita estrada de terra que leva a um pequeno sítio agrícola de seu tio. Romão e Emídio ficam a sós.

— Você está com medo, Romão? Se estiver, fale. Não precisa se arriscar nessa coisa maluca do Ézio.

Romão abaixa a cabeça e confessa:

— Não é que eu esteja com medo. Só gostaria de pensar um pouco mais no assunto. Você sabe que minha vontade de voar é tão grande como a de Ézio, mas...

— Gostaria de pensar melhor sobre a pipa, não é? Ter certeza de que ela é segura, não é?

— Pois é isso mesmo. Mas como dizer isso a Ézio? Se eu lhe disser isso, obviamente, terá o direito de ser o primeiro a voar.

— E daí? Por que você faz tanta questão de ser o primeiro? Poderia muito bem ser o segundo.

— E se realmente essa coisa funcionar? Eu teria sido o primeiro a realizar essa proeza. Isso é importante, sabe?

— Sei disso, mas...

— Não sei o que fazer.

— Ora, seja o primeiro, então. Mas tem que ser hoje. Ézio já foi buscar o carrinho do tio.

Romão fica cabisbaixo. Realmente, ele tem muita vontade de subir aos ares, mas tem muito medo de que algo dê errado. E fica nessa indecisão mental até que Ézio retorna com o carrinho.

— Pronto, pessoal. Vamos apanhar a pipa.

Imediatamente começam, então, a fazer o trajeto, empurrando aquele meio de transporte montanha acima. Quando lá chegam, Romão começa a inventar motivos os mais variados para que a experiência não se efetue.

— O que é agora, Romão? Já faz mais de uma hora que estamos aqui e você ainda não decidiu. Uma hora diz que o vento está forte demais, depois que o vento está muito fraco.

— Agora é sério. Estou ouvindo o trotar de um cavalo lá embaixo. Será que é papai, Emídio?

— Não estou ouvindo nada, Romão.

— Apure os ouvidos. Só pode ser papai.

— Também não ouço nada, Romão.

— Estou falando sério. É que não dá para ver a estrada daqui.

Ézio já está perdendo a paciência e encontra-se prestes a dizer novamente que o amigo está com medo, mas tem uma outra idéia.

— Escute, vamos fazer uma coisa: vamos deixar a experiência para um outro dia, certo?

— Acho melhor — concorda Romão, sentindo-se aliviado.

— A única coisa que gostaria de fazer é um pequeno teste com a pipa. Apenas ver se ela sobe, pelo menos sozinha. O que acham?

— Acho uma boa idéia.

— Então, vamos fazer o seguinte — diz Ézio, mentindo —: vou levá-la lá para o alto. Vocês dois segurem a ponta da corda daqui. Quando eu soltá-la, procurem empiná-la. E não se esqueçam: terão que fazer muita força, certo?

— Tudo bem. Leve-a para cima.

Ézio leva a pipa até um lugar mais elevado, onde os outros dois não conseguem vê-lo, pois pequena árvore lhes tampa a visão.

Lembranças do passado

É domingo e vamos encontrar Breno e seus três comparsas conversando com uma entidade bastante estranha: veste-se totalmente de negro, inclusive com um tecido da mesma cor a cobrir-lhe a cabeça, com exceção dos olhos. Algo de diferente possui essa criatura no olhar: total inexpressividade. Até Breno evita fitá-la de frente. Telmo é o nome pelo qual o tratam.

– E então, Telmo? Já conseguiu algum progresso com Haroldo?

– Já consegui, através de um desentendimento entre ele e sua esposa, colocá-lo à minha disposição por causa da baixa vibração mental em que entrou na discussão. Seus pensamentos estão revoltos e essa vibração me é muito propícia.

– E o que vai fazer agora?

– Vou acompanhá-lo em pequena viagem.

– Pequena viagem?

– Sim. Ele irá até a montanha para voar naquela coisa maluca feita de pano.

– Eolo já se encontra lá.

– Eu sei e espero que ele continue lá. Pelo que pude

apurar, Haroldo está estranhando o fato de ele não lhe ter ligado.

— Veja: Haroldo já vai sair com o carro.

— Não posso perder tempo.

Dizendo isso, a entidade entra também no automóvel, acomodando-se ao lado de Haroldo, enquanto Breno e os seus dirigem-se, por outros meios, em direção à montanha. O veículo parte. Haroldo está com a expressão facial alterada.

— Mas o que será que deu na Carla? Nunca me tratou assim, antes — pensa.

— *É que ela resolveu colocar para fora o que sempre sentiu por você: desprezo!* — sussurra-lhe Telmo aos ouvidos. Na verdade, esse Espírito é especialista em sugestionar as pessoas.

— Falou comigo de uma maneira... Será que sempre sentiu isso e agora resolveu colocar para fora? — pensa Haroldo, totalmente sugestionado pela entidade, inclusive com as mesmas palavras e pensamentos emitidos por ela, tão envolvido se encontra.

— *Parece que todo mundo hoje resolveu desprezar você, Haroldo* — torna a sugestioná-lo o Espírito — *Até Eolo parece tê-lo esquecido. Foi para a montanha sem avisá-lo, sem convidá-lo.*

— Até Eolo, meu melhor amigo, foi para a montanha sem me avisar. Liguei para a casa dele e sua filha me informou que já tinha ido. Mas o que será que está acontecendo?

— *Eolo só pensa nele. Principalmente agora que ligou-se a Léo e Mara por causa de suas alucinações, que o deixaram muito estranho.*

— Eolo anda muito estranho. Depois que ouviu aquela voz e viu um parapente que não existia, parece ter-se modificado. Foi para a montanha sozinho naquela segunda-feira e agora parece que só quer falar com Léo e Mara.

— *Você precisa fazer alguma coisa, Haroldo! Precisa fazer*

alguma coisa! Seu amigo está necessitando de um psiquiatra. Fica a ouvir vozes, vendo coisas que não existem. Precisa de um tratamento urgente! Urgente!

— Acho que Eolo precisa de ajuda. Talvez, mesmo, de um psiquiatra.

— *Fica atrás de Espiritismo! Isso é coisa de loucos que se enganam achando que estão conversando com Espíritos! Seu amigo vai acabar pirando.*

— Eolo ainda vai pirar com essa história de Espíritos.

— *Você tem que chamá-lo à razão, Haroldo. É seu melhor amigo.*

— Tenho que fazer algo para chamá-lo à razão. Afinal, é um de meus melhores amigos.

— *O maior problema é o Léo e a Mara, Haroldo. Conseguiram convencer Eolo de que o que está acontecendo com ele é fruto de uma mediunidade que lhe está aflorando. Você precisa convencê-lo do contrário e, talvez, afastar Eolo desses dois.*

— Mas penso que não vai ser fácil. Eolo acredita que o que lhe acontece é conseqüência de uma mediunidade que está tomando conta dele. E o mais difícil será enfrentar Léo e Mara que, parece, já estão conquistando a sua credulidade. O que fazer?

— *Faça-o raciocinar, Haroldo. Coloque a razão acima de tudo. Insista.*

— Vou ter que fazê-lo raciocinar. E vou insistir.

* * *

— Vai voar hoje, Eolo? – pergunta Caio no momento em que o amigo estaciona o carro na grande pedra da montanha.

— Você acha que o tempo vai melhorar?

— Creio que, talvez, mais à tarde. O vento está muito forte e há muita turbulência. A maioria dos pilotos nem apareceu e alguns poucos acabam de descer. Estamos só nós dois aqui e já estou de saída também.

— Eu já havia percebido que o tempo não estaria bom aqui em cima, mas resolvi subir um pouco. Talvez, mais à tarde... Você viu Haroldo? Liguei para ele hoje de manhã e ninguém atendeu ao telefone. Também não encontrei Paulo e nem você. Liguei para todos.

— Desculpe-me, Eolo. Deveria tê-lo avisado que viria direto para cá. Na verdade estava viajando e achei melhor passar por aqui antes de ir para casa. Avisei minha esposa. Ela não lhe disse?

— Ela apenas me informou que você estava viajando.

— Você deve ter falado com ela antes de eu ligar.

— Só pode ser.

— E você? Parou de ouvir vozes e ver coisas? – pergunta o amigo, sem muito interesse, pois não levara a sério aqueles acontecimentos.

— Está tudo bem – limita-se a responder Eolo, não querendo levantar o assunto com o amigo. Caio é um grande companheiro de vôo, mas não chega a ter por ele uma amizade tão estreita. Encontram-se apenas nos fins de semana para irem até a montanha.

— Deve ter sido algum tipo de estafa, Eolo. Não se preocupe com isso.

— Nem estou me lembrando mais.

— Bem, acho que vou para casa, sabe? Penso que hoje não vai ter condições seguras de vôo e viajei a semana toda. Vou aproveitar para ficar com a família.

— Ficarei aqui mais um pouco, Caio.

— Tomara que as condições melhorem mais tarde.

— Tomara que sim. De qualquer maneira, gosto de ficar aqui, contemplando a paisagem.

— Está certo. Se resolver voar, apanhará um táxi para voltar aqui e apanhar seu carro?

— É o que pretendo fazer.

— Até outro dia, Eolo.

— Até outro dia, Caio.

O amigo parte e Eolo procura o lugar onde estivera sentado com Rubens uma semana atrás e acomoda-se ali novamente.

— Será que Rubens virá hoje? — pensa, externando esse pensamento em voz alta, para consigo mesmo.

— Hoje somos nós que estamos aqui, maldito! — berra Romão, acocorado, juntamente com Emídio, a poucos metros de distância — E não vejo ninguém, nem Rubens para ampará-lo.

— Ampará-lo? — pergunta Emídio, preocupado com a fala do irmão — O que pretende fazer?

— Quem sabe um empurrãozinho, heim, Emídio?

— Um empurrãozinho?!

— Sim, um empurrãozinho e poderemos trazê-lo para este lado e aí, sim, nos vingaremos.

— Não temos condições de fazer isso, Romão. Não temos essa força, principalmente sobre Eolo. Sua mente encontra-se totalmente ligada aos "das luzes" e aos seus pensamentos, mesmo não estando nenhum deles aqui. Além do mais, você sabe que seria muito difícil isso. Há a necessidade da vítima desejar e Eolo não tem vontade alguma de cometer um suicídio.

— E cadê Breno e a sua legião que não estão aqui?! Agora que precisamos deles!

— Certamente nem eles, todos juntos, conseguiriam alguma coisa contra Eolo, Romão.

— E por que você tem tanta certeza disso?

— Já lhe disse, meu irmão. A vítima tem que desejar. Nada podemos fazer.

— Droga! Que ódio!

— Acalme-se, Romão.

— Acalme-se! Acalme-se! É só isso que você sabe falar?!

Emídio nada responde e permanecem os dois por algum tempo em silêncio. Seus olhares encontram-se voltados para o penhasco que se desfila montanha abaixo, encontrando-se com a cidade da qual podem-se observar os minúsculos telhados e pequenos flocos verdes das árvores. Desta feita, não mais se encontram em região umbralina, mas ali mesmo. Subindo o olhar, o céu azul e, mais acima, esparsas e brancas nuvens. O olhar de Romão fixa-se neste momento na longínqua linha do horizonte. Emídio o observa e sente grande compaixão pelo irmão, principalmente, porque consegue perceber enorme melancolia em seu olhar.

— Pobre Romão — pensa —, queria tanto voar, mas nunca conseguiu realizar esse sonho. Nem livre da matéria, como nos encontramos, pois ainda estamos presos a ela pela força da gravidade, estejamos em qual plano for. Sei que neste momento ainda sonha como quando criança. O tempo passou, surgiu o avião percorrendo grandes distâncias e encurtando-as, mas não é isso que ele quer. Não é com isso que ele sonha. Quer voar como um pássaro. E agora que encontramos Eolo, sofre mais ainda porque, além do ódio que sente por ele, agora o inveja. Eolo tornou-se a imagem viva do que ele mais deseja. O que fazer para ajudá-lo? O que fazer? Já não tenho mais ódio no coração e nem desejo de vingança, mas tenho que continuar ao lado de Romão.

Nesse momento, chegam Breno e três de seus comparsas que sempre o acompanham.

— Mas o que está acontecendo com você, Romão?! — berra o Espírito – Deu para ficar contemplando o céu?! Há trabalho a fazer, seu imbecil!

Romão dá um salto, levantando-se e ficando frente a frente com Breno. Emídio posta-se ao lado do irmão.

– Por que está gritando comigo?!

– O que pensa que está fazendo?! – torna a berrar – Como consegue ficar calmo desse jeito, quase sentado ao lado de seu inimigo?!

Romão, revoltado, franze o cenho e responde:

– O que posso fazer sozinho?! Você desapareceu!

– Não lhe ordenei que permanecesse constantemente ao lado de Eolo, instilando seu ódio contra ele?!

Romão olha fixamente para Eolo num verdadeiro exercício de insuflação de ódio, o que parece ter rápido efeito, pois retoma a revolta em seu coração.

– Esse maldito! Como gostaria de poder jogá-lo para baixo!

– E por que não o faz?!

– Não tenho poderes para tanto.

– Como não tem poderes?! Seu ódio é o seu poder!

– Como fazê-lo atirar-se contra as pedras?

– Você não precisa fazê-lo atirar-se contra as pedras ou penhasco abaixo! Você precisa fazê-lo atirar-se contra si próprio.

– Atirar-se contra si próprio?

– Isso mesmo. Permaneça ao lado dele e transfira-lhe todo o ódio que sente. Isso fará com que ele caia em enorme depressão, não do penhasco, mas de seu próprio coração, de seu próprio íntimo. Transmita-lhe imagens de seu passado, de seus erros, para que sua consciência não lhe dê paz. Faça isso e faremos nossa parte. Aliás, já estamos providenciando para que Eolo sinta enorme sofrimento através de grande injustiça.

– Como assim?

– Já coloquei um dos meus, especialista nesses assuntos, para trabalhar.

– Já colocou? Mas não vejo ninguém, a não ser nós cinco aqui, além dele.

– Ele não está trabalhando aqui.

– Não? E onde se encontra?

– Foi incumbido de fazer com que o maior amigo de Eolo se insurja contra ele.

– Seu maior amigo? E quem seria?

– Haroldo.

– Haroldo?

– Você o conhece.

– Eu o conheço, sim, mas é o seu melhor amigo. Como irá conseguir?

– Você verá, Romão. Você verá. Por ora, faça o que lhe ordeno porque necessito que Eolo comece a cultivar uma semente de ódio que germinará e florescerá no tempo certo. E será você quem irá lhe plantar essa semente.

– Pois eu o farei e com sucesso!

– Tenho certeza disso – concorda Breno com sugestivo e maligno sorriso nos lábios.

Romão olha novamente para Eolo e dele se aproxima o bastante para que este sinta repentino mal-estar a lhe invadir o ser. Abaixa a cabeça e começa a massagear a fronte com o dedo médio.

– O que será que está acontecendo? Sinto-me mal de repente... uma angústia... nunca senti isso... – pensa, tentando descobrir o porquê da inusitada sensação de angústia e desalento – Por que será que de repente passei a sentir este desânimo? Será que é porque não estou podendo voar? Não pode ser. Nunca me senti assim. Problemas? Não os tenho. Será que é porque estou frustrado com o fato de Rubens não me aparecer para conversarmos? Mas o que é isso? Melancolia porque um Espírito não aparece à minha frente? Não, não pode ser. Eu estava bem, poucos minutos atrás... será que algum Espírito sofredor aproximou-se de mim e minha mediunidade está captando as suas vibrações? Foi assim que li naquele livro. Vou fazer o que Léo me recomendou. Vou orar por esse Espírito.

Pensando assim, Eolo começa a proferir mentalmente uma prece em favor de alguma pretensa entidade que ali possa estar presente, o que não passa despercebido de Romão, que começa a ter dificuldades em continuar vibrando e emitindo pensamentos de ódio contra ele.

– Mas o que está acontecendo comigo? – pergunta-se, agora, Romão – É para ele sentir-se mal e não eu. Estou me sentindo como se estivesse sendo anestesiado. Estou ficando zonzo... o que estará acontecendo? Será que algum dos "das luzes" se encontra aqui por perto de nós? Pois veremos quem é mais forte! Vou fazê-lo experimentar o meu ódio também.

E assim, Romão procura armazenar sua mente de imagens do passado, imagens que lhe trazem mais ódio ao coração e uma luta muito grande se trava nesse momento. Uma luta do ódio contra a prece. Eolo, por sua vez, procura concentrar-se mais na oração, mas o esforço é enorme e sente que as sensações que o acometeram e que pareciam estar sendo mitigadas aos poucos, começam a retornar-lhe em lampejos cada vez mais freqüentes.

– Meu Deus, me ajude a lutar contra esse sentimento – roga, mas não têm a força necessária para vencer o ódio de Romão e, extenuado, deita-se na relva.

– Isso mesmo, Eolo, entregue-se – fala Romão como que numa ordem – Entregue-se e vamos recordar juntos as nossas tristes passagens.

A partir daí, Eolo, ainda deitado, olhos cerrados, parece começar a sonhar, meio dormindo, meio acordado. Imagens ininteligíveis lhe vêm à mente como "flashes" estranhamente encadeados. São cenas onde sente-se como se fosse um adolescente. O cenário é o de uma montanha também, porém, um pouco diferente daquela em que se encontra. Suas roupas lhe parecem estranhas, de uma outra época. Junto dele, mais três rapazes. Dois deles aproximam-se da borda do penhasco. Um dos rapazes, o mais velho, sobe para um local mais elevado, carregando por sobre a cabeça, enorme pipa feita com galhos de árvore e tecidos amarelados pelo tempo. De repente, vê esse rapazola amarrar-se à pipa com uma corda presa à cintura, sendo que a outra ponta encontra-se segura pelos outros dois. Desespera-se e tenta impedir a atitude do outro que, inusitadamente, sem tempo para ser contido, corre em direção à beira do penhasco. Forte vento atinge a pipa, elevando-a e tirando o rapaz do chão. A outra ponta da corda escapa das mãos dos outros dois. Começa, então, a correr para recuperar a corda que, solta, acompanha o equipamento a voar em direção à beira do penhasco. Os outros dois rapazes correm também com a mesma intenção: a de segurar o amigo. O desespero dos outros dois é muito grande, continuando a correr cada vez mais depressa, com os olhos pregados na pipa que se encontra a cerca de uns três metros de altura, sustentada pelo forte vento daquele local.

– Estou voando! Estou voando! – grita o rapaz dependurado, tão eufórico que nem se apercebe do perigo que corre.

Em determinado momento, surge um homem que, rapidamente, apeia de seu cavalo e corre em auxílio, conseguindo apanhar a outra ponta da corda, puxando-a com toda a força. A pipa, pela força do puxão, vem abaixo, arremetendo-se contra ele e, por mais que o rapaz, amarrado nela, tente, já com os pés no chão, segurar-lhe a investida, esta abalroa o homem, lançando-o penhasco abaixo. Eolo corre até a beira da montanha e consegue ver o corpo estendido, já sem vida, sobre as rochas e um enorme desespero toma-lhe conta do ser. Volta-se para o rapaz amarrado à pipa e este limita-se a olhar para ele, com uma expressão de desespero. Eolo sente o sangue gelar-lhe nas veias, principalmente quando vê no rosto do garoto a sua própria fisionomia e desperta desse estranho sono, gritando:

– Não sou eu! Não sou eu!

Levanta-se rapidamente da relva e volta a sentar-se, parecendo enfraquecido com tudo aquilo.

– É você, sim, seu maldito assassino! Por que fez aquilo?! Por que tinha que ser o primeiro a voar, não é?! Traidor! Era eu quem teria que ser o primeiro, mas você tinha que trapacear, não é?! Tinha que nos enganar, não é?! Só que eu saberia como fazer melhor que você, cretino! E veja o que fez! Matou meu pai! Agora sofrerá as conseqüências e nenhuma religião, nenhum Deus, nenhum Jesus conseguirá livrá-lo de nossa vingança! Maldito!

Eolo não ouve aquela voz acusadora, mas sente intensa emoção, como se aquele sonho lhe fosse real.

– Será uma recordação do passado? – pergunta-se – Mas não pode ser. Penso estar passando mal do estômago. Isso faz mesmo com que se chegue até a delirar. Preciso ir embora daqui.

– Agora quer fugir, não é?! – berra Romão – Agora quer fugir! Pois vai ficar aqui! Não permitirei que vá embora!

Romão aproxima-se mais ainda de Eolo e este sente-se atordoar novamente. Lembra-se mais uma vez dos conselhos de Léo e recomeça a orar, agora, com mais humildade, rogando proteção e auxílio para alguma entidade que possa estar lhe impingindo esse sofrimento. E é repentinamente que começa a sentir-se melhor e uma paz muito grande passa a invadir-lhe o coração.

– Mas o que é isso?! – esbraveja Romão, sentindo que estranha força o afasta lentamente de sua presa, fazendo com que permaneça a cerca de uns dez metros de Eolo. É como se o puxassem para longe e o mantivessem seguro ali. Sua visão, então, se alarga e vê Rubens ao lado de Eolo, mas não consegue visualizar quem o segura. Emídio, que a tudo assistira, vendo o irmão sendo como que tragado por alguma força, não entende o que está acontecendo e aproxima-se dele, que tenta inutilmente livrar-se de algo que o prende, mas que nenhum dois consegue ver.

– O que está acontecendo, Romão?!

– Estão me segurando! Esses covardes! Veja, Emídio! Rubens está lá perto dele! Dois patifes!

Emídio volve o olhar para onde se encontra Eolo e vê a figura de Rubens, todo de branco e com intensa luz a lhe envolver o corpo. Sente forte emoção, pois lembra-se dos sonhos que tem com a mãe e que esta também se lhe apresenta dessa mesma maneira.

– Graças a Deus! – exclama Eolo, sentindo-se bem agora – Graças a Deus!

– Deus sempre nos atende os apelos do coração, Eolo – diz Rubens, fazendo-se ver.

– Rubens! Foi você quem me ajudou?!

– Deus o ajudou, Eolo.

– Não foi você?

– Digamos que Deus, por causa da prece que você proferiu, tornou possível a minha intervenção. Sem a permissão do Alto, eu não teria conseguido.

– Mas eu já havia orado antes.

– Não com a humildade e com a fé desta segunda vez, Eolo. Lembre-se sempre disso: a prece não é uma recitação de palavras. A prece é uma exteriorização de nossos corações quando humildes e confiantes. As palavras apenas nos servem de apoio para a prece.

– Tive uma visão, Rubens. Uma visão horrível. Será alguma coisa ligada ao meu passado, quero dizer, algo que me aconteceu numa outra vida?

— Você não deve se preocupar com isso, Eolo. Não se esqueça que o passado nos serve apenas como aprendizado. Não permita que o passado o atormente.

— Então, foi mesmo uma lembrança de uma outra encarnação?

— Eu não disse isso. Apenas lhe expliquei para que nos serve o passado. Essa sua visão ou esse seu sonho pode muito bem ter sido algo apenas para lhe perturbar a mente.

— Uma invenção que algum Espírito colocou em minha mente?

— Pode ser isso, Eolo. Acontecem muitos fatos assim, muitas obsessões dessa maneira. Como lhe disse, não se preocupe com isso.

— Suas palavras me tranqüilizam, Rubens.

— Pois fique tranqüilo. Você tem à sua frente uma grande luta.

— Uma grande luta?

— Sim e a primeira coisa a fazer é perdoar um possível Espírito que possa estar querendo prejudicá-lo. Pense nele com carinho e nunca com revolta. Muitas vezes, a mediunidade começa dessa maneira, para que o iniciante nesse tipo de trabalho comece a praticar a boa vontade e a paciência necessária para o curso de sua missão como médium.

— Entendo...

— A propósito, Eolo, estamos muito satisfeitos com você, com o seu interesse pela Doutrina Espírita.

— Você disse: "estamos"?

— Sim.

— Você se refere a Geraldo?

— A Geraldo e a outros tantos que se encontram bastante empenhados na sua caminhada no trabalho do Bem.

— Gostaria tanto de vê-lo... De falar com ele...

— Dia virá, Eolo. Dia virá.

Nesse instante, uma voz se faz ouvir e o chama:

— Eolo! Eolo!

Este olha em direção à voz e vê Haroldo que se aproxima, deixando seu carro estacionado a cerca de uns trinta metros de distância.

— Venha cá, Haroldo.

— Ficarei aqui por mais algum tempo, Eolo – diz Rubens, desaparecendo logo em seguida.

— Ei, espere! – diz, na tentativa de pedir a Rubens que se faça ver pelo amigo que chega.

— Está falando com alguém, Eolo? – pergunta Haroldo já bem próximo dele.

— Não – disfarça –, apenas resmunguei.

— Como vai? Telefonei para sua casa e sua filha me disse que estava vindo para cá.

— Tentei lhe telefonar, mas ninguém atendeu.

Haroldo sente um alívio ao ouvir Eolo dizer que havia telefonado para sua casa.

— *Será que ele ligou mesmo, Haroldo? Ou está mentindo para disfarçar o seu desinteresse?*

— Será que Eolo está mentindo para mim? – pergunta-se, mentalmente, Haroldo, ainda vítima das sugestões de Telmo.

— Você e Carla saíram cedo?

— Saímos bem cedo, sim. Carla quis que a levasse à feira.

– Não tem problema, Haroldo. O importante é que está aqui. Trouxe seu parapente?

– Trouxe. E você?

– Também, mas parece que o tempo não está ajudando muito hoje.

– Mais tarde, tenho certeza, irá melhorar. Talvez, mais à tardezinha. Se quiser, podemos descer para almoçar. Depois retornamos.

– Uma boa idéia, Haroldo, mas prefiro um lanche.

– Um lanche, então.

Lição com as aves

Durante o lanche que fazem na pequena cidade na base da montanha, Haroldo, "auxiliado", invisivelmente por Telmo, tenta convencer o amigo de que ele está indo para um caminho errado. Que o que lhe aconteceu seria mais um produto da mente cansada, de um estresse. Que ele deveria procurar ajuda psiquiátrica e não a de Léo e Mara com suas absurdas idéias espíritas. Mas Eolo mantém-se firme.

– Talvez você tenha razão, Haroldo, mas quero procurar primeiro na Doutrina Espírita. Se não encontrar uma resposta plausível para o que está me acontecendo, prometo a você que procurarei outros meios.

– Mas Eolo, estou falando para o seu próprio bem.

– Sei disso, Haroldo, mas, por favor, deixe-me tentar à minha maneira.

– *Droga!* – *esbraveja Telmo* – *Parece que o "cara" está mesmo irredutível! Vou precisar utilizar-me de outra tática. Tentarei fazer com que não voe mais por causa disso. Quem sabe ele se desliga dessa Doutrina por causa do vôo?*

Pensando assim, Telmo aproxima-se mais intensamente de Haroldo e novamente começa a interceder nos pensamentos dele, incentivando-o a uma nova conversação.

— Sabe, Eolo – recomeça Haroldo –, não sei como lhe dizer isto, mas quero que saiba que realmente estou muito preocupado com o que lhe está acontecendo e penso que talvez... bem... não sei como lhe dizer...

— Diga, Haroldo. Nunca houve constrangimentos entre nós.

— Bem... penso que não deveria mais voar enquanto não tiver conhecimento certo do que lhe ocorre. É isso.

— Não voar mais?

— Isso mesmo. E se você estiver no caminho errado e, de repente, tiver uma... digamos... alucinação e começar a enxergar tudo de uma maneira diferente? Pode ser muito perigoso. Concordo com você quando pede que eu o deixe tentar à sua maneira, mas e se estiver errado?

Eolo permanece alguns segundos em silêncio e depois responde:

— Haroldo, quando lhe falei que prefiro tentar à minha maneira, na verdade, eu não quis dizer que não acredito que tenha sido um tipo de vidência de minha parte. Estou bastante seguro de que Rubens, realmente, é um Espírito e que o vi e falei com ele. Não creio que um estresse ou algum outro tipo de doença mental vá fazer-me ver algo que não esteja vendo. Além do mais, as coisas que ele falou, de maneira alguma poderiam ter surgido de minha mente, pois nunca havia pensado dessa maneira. E ele me falou de coisas que eu desconhecia.

— Mas você disse ter lido um romance espírita antes de ele aparecer-lhe.

— Mesmo assim. Rubens elucidou-me a respeito de muitos fatos da vida que não havia lido. Além do mais, vejo muita lógica em tudo isso. Sinto-me muito satisfeito e feliz com essa sua preocupação, mas não vou deixar de voar por isso, Haroldo.

— *Mas está muito difícil, mesmo! – esbraveja Telmo – Não posso fracassar neste caso. Breno sabe como lidar com fracassa-*

dos e nunca fracassei antes! Mas o que será que está acontecendo?! Será que está havendo alguma interferência neste meu envolvimento? Não vejo ninguém aqui por perto. Será que esse "cara" está protegido pelos "das luzes"? Só pode ser. Sinto-me bastante tolhido na minha inteligência e no meu poder. Como se algo estivesse embaralhando um pouco as minhas idéias. Por que Breno não me disse nada a respeito dessa possibilidade de Eolo estar sob proteção constante?

– Não sei mais o que dizer para persuadi-lo, Eolo. Mas penso, até, que Léo deveria ter-lhe aconselhado da mesma maneira como estou fazendo agora.

– Não vejo porquê, Haroldo. Se houvesse algum perigo, tenho certeza, teria me falado. Além do mais, pelo que Rubens conversou comigo, sinto uma grande proteção por parte dele. Aliás, já fez isso hoje de manhã.

– Hoje de manhã?

– Isso mesmo. Lembra-se de que me perguntou se eu estava falando com alguém?

– Sim, eu o ouvi falando alguma coisa como se estivesse conversando com alguém.

– Pois é isso. Estive conversando com Rubens e ele, inclusive, me ajudou.

– Ajudou-o no quê?

Eolo, então, conta detalhadamente o que lhe acontecera. Relata sobre o mal-estar, sobre o auxílio de Rubens, mas abstém-se de falar sobre as visões que teve.

– Não consigo acreditar nisso, Eolo. Desculpe-me, mas não vejo tudo isso pelo lado dessa religião que está abraçando. Penso que você esteja tendo alucinações e, como amigo, volto a insistir para que procure um médico. Isso pode vir a piorar, Eolo, e, talvez, tornar-se algo irreversível.

– Não precisa se preocupar, Haroldo. Agora sei como me cuidar. A propósito, vamos voltar para a montanha?

– Não vá, Haroldo! Não vá! – insufla-lhe Telmo – Faça-o sentir que você não quer ser responsável pelo que possa lhe acontecer. Diga-lhe que não vai. Quem sabe ele desiste de voar.

Na verdade, Telmo pretende tirar de Eolo uma das coisas que ele mais gosta para que, talvez, por causa disso, venha a insurgir-se contra a Doutrina Espírita ou, pelo menos, deixá-lo desgostoso com as conseqüências que a mediunidade pode lhe causar, se for convencido de que não deveria mais voar.

– Eu não vou, Eolo.

– Por que não, Haroldo?

– Sinto que não devo ir. Não quero ser conivente com o fato de você voar nesse estado em que as coisas estão. E lhe peço mais uma vez: não voe enquanto não se sentir livre desses problemas.

– Mas você não vai ser conivente com nada, Haroldo. Sou responsável pelos meus atos.

– Pois prefiro não ir.

– Você quem sabe, Haroldo. Eu vou para a montanha.

– E eu me despeço aqui, Eolo.

E, influenciado por Telmo, Haroldo levanta-se e sai da cantina onde estão lanchando, com a cabeça baixa e nítida expressão de desagrado no semblante.

– Pobre Haroldo – pensa Eolo – Está saindo magoado porque eu não atendi aos seus conselhos, mas não posso permitir que infundada preocupação venha a tolher os meus passos. Além do mais, tenho certeza do auxílio e da proteção de Rubens e, obviamente, de Geraldo.

Pensando assim, dirige-se novamente à montanha, já que percebe que o tempo mudara e o vento agora se encontra apropriado para o vôo. Na verdade, apesar de todos os anos de piloto, Eolo nunca ultrapassou os limites de segurança, escolhendo voar apenas em ótimas condições meteorológicas, condições estas que comumente são denominadas de "lift", ou seja, aproveitando correntes de ar que ascendem pela encosta da montanha e apanhando pequenas térmicas, que são correntes de ar quente, para se manter mais tempo no ar.

Por sua vez, Telmo fica em dúvida, mas acaba por decidir-se a acompanhar Eolo.

Haroldo, bastante contrariado, apanha seu veículo e volta para casa onde encontra sua esposa, preparando alguma coisa para comer. Seu filho, Henrique, e a filha, Rosana, ambos com seis anos de idade, gêmeos que são, brincam alegremente no jardim da casa.

– O que irei falar para Carla? – pensa, com um grande peso no coração pela discussão que haviam tido e bastante arrependido também de suas rudes palavras, influenciado que se encontrava por Telmo. O mesmo ocorre com a esposa. E é pensando assim, que entra na cozinha da casa. Quando Carla o vê chegar, corre para os seus braços, com lágrimas nos olhos.

– O que aconteceu conosco esta manhã, Haroldo? Nem sei por que falei tudo aquilo para você. Sinceramente não entendo por que reclamei de suas idas à montanha para voar. Nunca me importei com isso e até gosto que você tenha uma atividade que o distraia do trabalho. Perdoe-me, Haroldo. Eu não queria dizer tudo o que eu disse. Na verdade, nem penso assim.

Haroldo abraça a mulher mais carinhosamente e, também, com lágrimas nos olhos, confessa:

– Você não sabe o alívio que sinto. Fiquei amargurado e peço que me perdoe, pois também fui um tanto grosseiro com você.

– Eu não sei. Parecia que não era eu quem falava. Não consigo entender.

– O mesmo aconteceu comigo. Aliás, agora há pouco, tive uma conversa com Eolo e acabei sendo muito indelicado com ele.

E Haroldo conta a Carla a conversa que teve com o amigo.

— Sabe o que penso, Haroldo? Acho que você deveria procurá-lo. Ele é um grande amigo seu e se você teme por ele, por algo que possa lhe acontecer, não deveria tê-lo abandonado lá.

— Você tem razão. Vou voltar à montanha.

— Vá, sim, querido.

* * *

Eolo, nesse momento, já se encontra preparando o parapente para o vôo. Estende-o no chão, cuida para que suas linhas estejam devidamente colocadas na posição correta e, já com o macacão de vôo vestido, coloca o capacete, a bolsa à sua frente, na linha da cintura com o variômetro ligado, veste a selete, pequena poltrona onde se sentará no momento oportuno, já em vôo, e conecta os mosquetões que o prendem ao velame de cerca de dez metros de envergadura.

Romão e Emídio também se encontram presentes.

— Olha lá, Emídio! Ele vai voar! Maldito! Ainda se diverte enquanto nós nos encontramos neste sofrimento!

— Diga-me uma coisa, Romão — diz Emídio, encorajando-se — O que você sente mais por Eolo? Ódio ou inveja?

Romão fita o irmão com um olhar de estupefação, não tanto pela maneira com que Emídio fala com ele, mas muito mais pelo assunto que ele aborda naquele momento.

— O que você está me perguntando?!

— Perguntei-lhe o que sente mais por Eolo: ódio ou inveja? - torna a repetir.

Romão volta a olhar para Eolo e parece-lhe surgir na face uma nova expressão, que não passa despercebida pelo irmão e é somente depois de alguns instantes que toma a palavra, de uma maneira um pouco menos violenta que a usual, o que causa uma certa estranheza em Emídio:

— Por que me pergunta isso, meu irmão?

— Não sei. Penso que desde que tudo aconteceu, que nosso pai morreu, passamos a sentir intenso ódio por Eolo, naquela ocasião, Ézio, culpando-o pelo nosso sofrimento, principalmente por causa de suas idéias malucas para aquela época. Também nós lhe impusemos um grande sofrimento e depois, quando a morte nos separou de nossos corpos, continuamos a sentir esse ódio, ainda não satisfeitos com tudo o que lhe causamos. Queríamos mais ainda.

— Pois sempre achei que o que lhe fizemos não foi o suficiente para nos vingarmos dele!

— Também pensava assim. Mas, hoje...

— O que tem hoje, Emídio?

— Até há pouco tempo, Romão, quando não sabíamos de seu paradeiro, tudo fizemos para encontrá-lo e nos deleitarmos numa vingança maior ainda, mas agora que o encontramos...

— O que tem agora que o encontramos?! Nada mudou!

— Mudou, sim, Romão. Nós estamos diante de uma outra pessoa.

— Para mim é o mesmo Ézio que matou nosso pai. Tivesse ele permitido que eu fizesse o experimento, tenho certeza de que nada daquilo teria acontecido. Eu saberia como controlar melhor aquela espelunca voadora.

— Será, Romão?

— Você tem dúvidas?!

— Não só tenho dúvidas como duvido que você tivesse coragem para experimentar aquela, como você diz, espelunca voadora.

— Você acha que eu não teria coragem?! De onde tirou essa idéia?!

— Dava para perceber, Romão. Quantas vezes você protelou a experiência?

— Fiz isso por causa dos ventos muito fortes.

— Não sei, Romão. O que me passa pela cabeça é que Ézio ou Eolo, como quisermos chamá-lo, parece ter-se cansado de esperar você ter coragem para tanto.

— Está me chamando de covarde, Emídio?

— Você nunca foi covarde, Romão. Apenas, e acredito com razão, mais prudente e, talvez até, consciente do perigo que aquilo representava para a vida de quem se aventurasse naquele desejado, mas não sabemos se vitorioso, vôo.

Romão pensa um pouco e confessa:

— Isso é verdade, Emídio. Não confiava muito naquela pipa feita às pressas.

Emídio sente-se satisfeito e contente. Pela primeira vez parecia que Romão começava a aceitar certas verdades e, se ele pudesse, visualizaria o que estava ocorrendo naquele momento, num outro plano espiritual, vibrando em dimensão diferente da deles: sua mãe Matilde, agora auxiliada por Rubens e outros cinco Espíritos do Bem, ampara a conversa dos dois irmãos. Telmo, por sua vez, não esconde a sua insatisfação pelo desenrolar daquilo e, também, pelo fato de não lhe ser possível aproximar-se mais, pois enorme força protetora o mantém à distância. Breno e seus asseclas também ali chegam e travam enorme discussão com Telmo, acusando-se mutuamente pelo fracassado desenrolar dos acontecimentos.

— E agora, Telmo?! O que vai fazer?! Indicaram-no dizendo ser um dos melhores, mas se você é um dos melhores, posso imaginar como devem ser os outros. E digo-lhe mais: fizemos um acordo em que estipulamos uma troca de favores. Eu tenho o que você quer, mas se não obtiver sucesso, nada terá! Nada terá!

— Preciso muito do que tem para me oferecer e vou conseguir cumprir esta minha missão. Já tenho um outro plano. Vou mudar completamente de alvo.

– E quem vai tentar atingir agora?

– Nelma, a esposa.

– Não creio que conseguirá, Telmo. De qualquer maneira, esta será sua última chance. Não me falhe ou não terá outra oportunidade.

– Não falharei,Breno. Não falharei desta vez.

– Assim espero, pois senão sua fama correrá por todos os cantos deste mundo. Eu o declararei um fracassado!

– Isso não vai acontecer, Breno. Pode ficar descansado. Vou agora mesmo para a casa dela.

* * *

– Vai voar, Eolo?

– Rubens?!

– Sim – responde o Espírito, ao seu lado.

– Vou voar, sim. Há algumas pessoas lá embaixo no campo de pouso.

– Isso é bom. Aliás, como já lhe disse, é sempre bom que alguém esteja lá embaixo quando efetuar um vôo.

– Lembrei-me disso, mas o tempo está muito bom para o vôo. Na verdade, preferia ficar aqui conversando.

– Haverá muito tempo para conversarmos e o tempo está excelente.

– Vem comigo?

– Irei logo em seguida – responde o Espírito.

Eolo olha para trás e vê o parapente azul já estendido e pronto para ser inflado.

– Vou decolar, então.

Rubens limita-se a sorrir e Eolo dá início aos preparativos para a decolagem. Apanha os elevadores, colocando-os na posição correta, puxa-os fazendo com que o velame suba do chão e encha os perfis e, sentindo a pressão do vento no aparelho, começa a correr os pouco mais de dez metros que o separam da borda do penhasco, procurando posicionar-se no centro do parapente. Em poucos segundos atinge a borda e, levantado a poucos metros do solo pelo ar que sobe pelas encostas, começa a voar. Em poucos segundos, apanha uma boa térmica que o eleva a mais de trezentos metros da montanha, fazendo com que o variômetro comece a apitar, sinal característico da subida. Recolhendo um pouco o batoque da esquerda e, pendendo o corpo para esse lado, efetua suave curva, seguida de uma outra, agora para a direita. Nesse momento, percebe Rubens voando ao seu lado, imitando todos os seus movimentos e sorrindo para ele. Sente enorme alegria em estar voando ao lado daquele que, com absoluta certeza, está lhe proporcionando radical mudança em sua vida e em sua maneira de pensar e ver as coisas do mundo. Evidente que nenhum piloto terreno se arriscaria a voar tão perto assim, mas que perigo pode haver voando com um aparelho ao seu lado que pertence a um outro plano, a uma outra dimensão?

– Como consegue fazer isso? – pergunta, então, a Rubens, que ora se coloca ao seu lado esquerdo, em poucos segundos já se encontra à sua frente e, num estalar de dedos, apruma-se no seu lado direito.

– Um dia você entenderá, Eolo. Coisas do Plano Espiritual.

– Que liberdade de vôo você tem, Rubens! Não conseguiria nunca fazer isso aqui na Terra.

Rubens sorri e fala:

– E nem deve tentar ou poderá estolar o aparelho. No plano material, os obstáculos são muitos.

– Qualquer Espírito conseguiria isso, Rubens?

– Não, Eolo. A maioria, ainda presos às coisas terrenas,

nem do solo conseguem liberar-se. Têm que caminhar como os homens e são condicionados às barreiras da matéria.

– Entendo.

Eolo fica alguns momentos em silêncio, observando Rubens e pensa: quem iria acreditar que estou aqui a voar acompanhado de um Espírito?

– Agora vou partir – informa Rubens –, para que possa aproveitar o seu vôo e não se distraia comigo.

– Pode ficar, Rubens.

Mas o Espírito limita-se a sorrir e desaparece como por encanto.

– Para onde será que ele foi? – pergunta Eolo a si mesmo – Ele me pediu para aproveitar este meu vôo e vou fazê-lo.

Eolo continua a voar, efetuando curvas em forma de oito para poder continuar a voar por sobre aquele local onde muitos metros abaixo encontra-se o campo de pouso para vôo-livre.

– Meu Deus! Será que um dia chegarei a ter essa oportunidade de voar como o Rubens? Creio que ele voaria até mesmo sem o parapente. De acordo com o livro que li, os Espíritos, mais elevados moralmente, pairam no ar. A isso se dá o nome de volitar.

Nesse momento, um sorriso maroto surge em seus lábios.

– Será que quando for para fazer a primeira volitação, um Espírito poderá sentir medo? – pensa, ainda sorrindo – Eu, pelo menos, se um dia chegar nessa condição, não terei medo, pois já estarei acostumado. Mas que pensamento! – critica-se, agora.

Eolo continua a voar, aproveitando os ventos ascendentes de algumas térmicas e fixa o olhar no horizonte.

– Que visão mais linda!

Torna a olhar para baixo e vê as pequeninas casas lá embaixo.

– Cada casa daquelas abriga algumas pessoas, cada uma com sua vida que lhe é própria. Cada uma com seus problemas, com suas aspirações, com suas alegrias, com suas tristezas...

De repente um grupo de aves descreve um vôo, planando logo mais abaixo de onde está e Eolo parece recordar-se de um pensamento que lhe vem de muito longe na lembrança, parecendo mais uma conversa entre crianças:

Gostaria de ser um pássaro para poder voar, sentindo o vento no rosto, vendo o mundo de cima, pousando quando quisesse, tornando a partir, também quando quisesse.

Faria vôos bem diferentes.

Voaria de lado, de costas, atiraria meu corpo em velocidade por sobre as rochas, o mar e, assim que estivesse bem próximo, retornaria para o céu.

Atingiria as nuvens.

Os pássaros devem ser as criaturas mais livres que conheço.

Nem precisam temer os outros animais.

Basta voar para fugir deles.

Penso que os pássaros são os filhos mais queridos de Deus.

Não necessitam lutar para conseguir o que querem, nem guerrear para defender suas terras e, praticamente não possuem inimigos.

Nem são orgulhosos e nem poderosos.

Não prejudicam ninguém por causa de poucas moedas, como o homem.

E nem precisam usar roupas.

São os filhos preferidos de Deus, sim. Afinal de contas não são apenas eles que conseguem chegar mais próximo Dele? Deus não mora no Céu?

E são as criaturas mais elegantes.

Batem mansamente as asas e parecem flutuar pelo céu.

Como gostaria de voar...

— De onde me vêm essas idéias? — pensa Eolo — Parecem recordações de infância. Será que falei tudo isso um dia? Ou foi algum amiguinho meu? Haroldo, talvez? Somos amigos desde pequenos. Mas trata-se, realmente, de conversa entre crianças, pois para Deus, todos são filhos queridos, sejam homens ou animais. E, pelo que li, os animais, no caso aqui, essas aves, reencarnam também, tendo inteligências fragmentárias, caminhando em busca da consciência humana que, por sua vez, jornadeiam no encalço de esferas mais gloriosas. Sim, foi mais ou menos assim que li.

O que Eolo não se lembra é que essa conversação infantil realmente retrata uma lembrança de seu longínquo passado, fato esse ocorrido quando reencarnado como Ézio, juntamente com Romão e Emídio.

— E por que será que hoje tantos procuram imitar esses pássaros, assim como estou fazendo? Um vôo livre? Será a vontade de reviver os momentos de infinita calma que um dia devemos, talvez, ter tido a ventura de usufruir? Pode ser. Talvez alguns Espíritos se lembrem de suas origens, cada qual àquela que mais felicidade tenha lhe trazido, mesmo que essa felicidade lhe tenha sido tão sem raciocínios lógicos, apenas instintiva. De onde trago essa enorme vontade, essa enorme satisfação em voar? Pelas estatísticas, a maioria das pessoas não a sentem. Muitos nem teriam coragem, talvez pelo medo das alturas, reminiscências do passado, além do que, as demais criaturas possuem diferentes deleites a que se entregam. Mas de uma coisa tenho certeza: sinto-me mais perto de Deus aqui em cima. Não tanto por estar nas alturas, mas pela satisfação, pela alegria de estar vivendo estes momentos de tanta liberdade. Talvez a felicidade seja isso. Uma grande liberdade. Mas liberdade do quê? Gostaria que Rubens estivesse aqui para responder-me.

– Estou bem aqui ao seu lado, Eolo – diz Rubens, aparecendo novamente.

– Você estava aí? Pensei que tivesse partido.

– Resolvi deixá-lo a sós para que pensasse um pouco nas coisas da vida enquanto voasse.

– Gostaria de lhe perguntar uma coisa.

– Já sei, Eolo, e vou lhe responder. Realmente a liberdade nos traz uma grande felicidade. No seu caso, o fato de você estar voando, livre de seus próprios pensamentos inferiores, de seus defeitos, de seus desejos menos dignos, talvez, absorto que se encontra nessa atividade, lhe dá uma sensação de grande felicidade, trazida pela própria liberdade que sente longe de todas as tentações do mundo. Por aí, você deve entender que a felicidade não se encontra tão intimamente ligada ao fato de você voar, mas sim, do distanciamento que o vôo lhe proporciona dos instintos mais inferiores que ainda nos povoa o Espírito. Entende?

– Sim, estou entendendo.

– Outras pessoas poderão entrar nesse estado de outras formas, através de outras atividades. Por aí você entenderá facilmente que a extirpação de nossos instintos inferiores nos trará a felicidade que Deus deseja a todos nós. Mas não é só voando que conseguirá entrar nesse estado. Também fazendo o Bem, libertando-se de sentimentos tão negativos como a inveja, o orgulho, a cobiça, o egoísmo, a vaidade. Entende?

– Sim e estou entendendo muito bem. O que quer dizer é que quando estou no céu, voando, sentindo todo este prazer do vôo, não há espaço para todos esses sentimentos negativos.

– Isso mesmo, mas deve aprender algo com o próprio exemplo. Se você é cônscio de que sente felicidade quando se priva desses sentimentos inferiores, por que tê-los quando não se encontra voando? Por que não procura extirpá-los de sua vida diária? Já sabe que com isso encontrará a felicidade, não é mesmo?

– Você tem toda a razão.

– Bem, vou deixá-lo, novamente. Já se encontra a uma distância do solo em que deverá preparar-se para o pouso. Até outro dia, Eolo.

– Até outro dia, Rubens.

Rubens, então, na mesma velocidade com que ali apareceu, desaparece novamente. Por sua vez, Eolo, após mais uns dez minutos de vôo, começa a fazer curvas em oito para ir descendo lentamente no campo de pouso. Quando se encontra a pouco mais de um metro do solo, puxa os batoques o mais para baixo possível, a fim de que o bordo de fuga do parapente sirva como um freio e ao mesmo tempo cadencie um estol a fim de lhe proporcionar um pouso bastante tranqüilo. E sente-se muito feliz em encontrar Haroldo que o espera e o leva até o alto da montanha para que apanhe o seu carro.

Efeitos físicos

— Ó de casa! – grita Eolo, brincando, ao entrar em sua residência.

Ninguém responde.

– Nelma, cheguei.

O silêncio continua.

– Mas onde estará ela? Seu automóvel está no abrigo. Só se foi buscar as meninas na vizinha.

Eolo dirige-se, então, para o banheiro, mas quando passa pelo quarto que se encontra com a porta entreaberta, ouve um ruído estranho. Pára e fica a escutar. No início não consegue definir o que é, até que percebe que alguém chama pelo seu nome num sussurro.

– É Nelma! – conclui, abrindo a porta e rapidamente entrando no quarto.

Realmente é sua esposa que, agachada, de cócoras, num dos cantos do cômodo, ao lado do guarda-roupa, com os olhos arregalados, chama por ele, mas mesmo com sua presença, não consegue desviar o olhar de um ponto atrás de Eolo. Somente consegue levantar a mão direita e apontar para esse local.

— O que foi, Nelma?! – pergunta assustado Eolo, ao mesmo tempo em que corre em direção a ela, abaixa-se e a abraça. Nelma esconde o rosto em seu peito e continua a apontar para o local. E é com muito esforço e com intenso tremor no queixo que consegue balbuciar:

— Veja! Veja!

— O quê, Nelma? – ainda pergunta Eolo, desviando o olhar para onde ela aponta e sente enorme choque ao presenciar algo tão inusitado: a penteadeira, que se acha localizada na parede oposta, encontra-se com dois dos pés erguidos no ar a cerca de uns cinqüenta centímetros do chão como se alguém, invisível, a estivesse sustentando naquela posição. Os objetos que comumente ficavam em cima dela, agora se encontram todos espalhados pelo chão, derrubados que foram pelo próprio ato de se erguê-la do solo.

— Meu Deus! – exclama Eolo, lívido e também assustado.

— Faça alguma coisa, Eolo! Faça alguma coisa! – grita Nelma.

— Tenha calma, Nelma – pede, abraçando mais ainda a esposa de encontro ao seu peito para que ela não olhe mais para aquela cena, ao mesmo tempo em que cerra os olhos e roga:

— Meu Deus, Jesus, entidades espirituais do Bem que sei nos têm auxiliado muito, Rubens, meu amigo. Por favor, nos auxiliem nesta situação que pouco entendemos e também, ajudem essa criatura que deve estar fazendo isso. Que ela possa ter compaixão de nossa ignorância e do nosso temor pelo que desconhecemos. Que ela se afaste e seja auxiliada.

Nesse momento, um estrondo se faz, conseqüência do retorno da penteadeira ao solo. Parece que quem a estava sustentando, soltou-a de repente. Eolo, então, após mais alguns segundos, abre os olhos e vê que o móvel encontra-se, agora, em sua posição normal.

– Veja, Nelma. Tudo voltou ao normal.

– Tenho medo, Eolo – choraminga a mulher.

– Acalme-se – pede Eolo, procurando retirar o rosto de Nelma de seu peito e tentando levantá-la dali – Pode olhar.

Nelma, aos poucos vai recuperando o controle e olha para a penteadeira. Eolo, amparando-a, a faz deitar-se.

– Faz tempo que isso está acontecendo, querida?

– Tudo começou na cozinha.

– Na cozinha?

– Sim. Eu estava preparando o lanche para as meninas que estão na vizinha e já me preparava para chamá-las e às suas amigas, quando comecei a escutar alguns estalidos dentro do armário.

– Como estalidos?

– Não sei. Parecia que os copos estavam batendo de leve uns nos outros. Pensei tratar-se, talvez, de algum pequeno animal que tivesse entrado ali e, cuidadosamente abri a porta.

– E daí?

– Daí que assim que abri a porta do armário, uns seis copos despencaram. Caíram por sobre a pia, espatifando-se. Levei um enorme susto e bati a porta, fechando-a. Pensei em esperar você chegar para verificar. Mas apenas assustei-me. Não fiquei com medo. Realmente, pensava ter sido algum tipo de animal, talvez um rato, apesar de não ver um há muito tempo.

– Sim...

– Mas, depois...

– Depois...

– Foi o fogão...

– O fogão?

– Sim. Assim que me virei, afastando-me do armário, fiquei gelada. Uma das bocas do fogão estava acesa.

– Acesa?

– Sim. Acesa e sem nenhum utensílio... panela, canecão ou algo que eu pudesse ter colocado e me esquecido de tê-lo feito. Estava apenas a boca do fogão acesa. Tinha absoluta certeza de não tê-lo acendido. Primeiro, porque não costumo acender o fogo sem antes colocar uma vasilha sobre a grade e, segundo, porque não tinha nada para esquentar. Não ia esquentar nada. Havia feito um suco gelado e alguns lanches apenas. De qualquer maneira, procurei encontrar uma explicação para tal fato e achei melhor pôr na conta de uma distração de minha parte.

– Entendo.

– Aí, Eolo, é que aconteceu o pior...

Nelma, nesse momento, não se contém e rompe em convulsivo choro.

– Acalme-se, querida, acalme-se. Eu vou pedir para o Léo vir até aqui. Ele é médico e você precisa ser medicada. Também necessitamos de algumas explicações sobre tudo isso.

Dizendo isso, Eolo apanha o telefone que se encontra ao lado da cama e liga para Léo, explicando em rápidas palavras o que aconteceu com a esposa e este se prontifica a vir imediatamente.

– Léo já está a caminho.

– Precisamos chamar as meninas... o lanche...

– Não se preocupe, Nelma. Vou ligar para lá e pedir que Amélia fique com elas mais um pouco.

Eolo liga agora para a vizinha e pede esse favor, inventando a desculpa de que irão ter que sair por alguns momentos e que logo irão buscá-las.

– Pronto, Nelma. Pedi a Amélia que fique um pouco mais

com as meninas. Conte-me agora o que aconteceu e tenha calma. Tudo vai se resolver.

Nelma enxuga as lágrimas e continua a narrar o ocorrido.

– Daí, ouvi outros estalidos... sabe... como se alguém estivesse estalando os dedos e ouvi também o som de passos aqui no quarto. Pensei que fosse você que tivesse chegado ou uma das meninas que tivesse voltado para casa. Como eu tinha que apanhar algumas toalhas limpas para colocar no banheiro, vim para cá. Mas não havia ninguém e comecei a ficar com medo. Temi que alguém tivesse entrado aqui e, talvez, estivesse escondido.

– E o que fez?

– Afastei-me até a porta e, agachando-me, olhei para debaixo da cama. Tudo estava em ordem. Daí, abri a porta do guarda-roupa para apanhar as toalhas e foi quando tudo começou. Primeiro, quando estava com a porta do guarda-roupa aberta, ouvi um barulho muito forte como se algo tivesse caído no chão. Olhei para a penteadeira, de onde pude perceber ter vindo o ruído e qual não foi a minha surpresa e o meu pavor, quando vi aquela estatueta no chão, partida em pedaços. Olhei para a janela para ver se estava ventando, mas ela estava fechada. Você não pode imaginar o medo que me acometeu.

– Imagino, Nelma.

– Sabe, Eolo, principalmente pelo fato de tudo o que me contou que vinha acontecendo com você. Imediatamente, liguei esses fatos ao Espiritismo. Entende?

– Entendo.

– Eu tenho aceitado todas as idéias espíritas com muita facilidade. Tenho lido a respeito, você também, mas não estamos acostumados com tudo isso. Fiquei como que petrificada de medo. E ainda estava olhando para a estatueta quebrada no chão quando a penteadeira... a penteadeira... – Nelma entra de novo em choro – ...a penteadeira... ergueu-se de um lado derrubando tudo o que havia por cima dela. E ela ficou ali, erguida, imóvel... de vez em quando, dava umas balançadas e aquietava-se... mas sempre erguida... aí você chegou.

Nelma abraça o marido e seu corpo treme todo. Permanecem ali por cerca de uns vinte minutos até que a campainha da casa toca.

– Deve ser Léo. Vou atender. Já volto.

– Não! Vou com você! – grita Nelma, levantando-se da cama num salto.

– Venha – concorda Eolo, amparando a mulher.

* * *

– Beba este comprimido, Nelma – pede o doutor Léo, após ouvir todo o seu relato – Vai acalmá-la.

– Vou buscar um copo com água – diz Eolo, voltando rapidamente com o copo. Nelma engole o comprimido e aninha-se no colo do marido.

– Poderia nos explicar isso também, Léo? O que aconteceu aqui seria algo parecido com aquilo que você me explicou a respeito das mesas girantes?

– Já li sobre isso também – diz Nelma – Li um livro que contava sobre Allan Kardec e as experiências daquela época.

– Tem tudo a ver, Eolo. Vou lhes explicar melhor. Como já sabem, tudo o que existe no Universo é formado pelo fluido universal. Muito bem. Vou explicar-lhes, então, inicialmente, o que acontece com a mesa girante, pois partindo dessa explicação, poderão entender o que ocorre com a animação de outros objetos. Existem vários tipos de mediunidade e uma delas é a de efeitos físicos. No caso da mesa, é necessário que se encontre presente nas imediações esse tipo de médium. Por que isso? É muito simples. Prestem atenção. O Espírito desencarnado possui um perispírito que é o seu, digamos, corpo espiritual. O Espírito encarnado também o possui e é ele que o liga ao corpo físico. Na verdade, o corpo físico é uma cópia do perispírito. Certo?

– Correto – assente Eolo.

– Pois bem. Dessa maneira, podemos dizer que o Espírito encarnado possui um perispírito e um corpo físico formados pelo fluido universal. Além disso, em seu corpo físico, o fluido universal, por força do ambiente em que vive, encontra-se, de uma maneira que poderíamos, grosseiramente, denominar de "animalizado". Dessa forma, então, o Espírito desencarnado combina o fluido universal com o fluido animalizado do médium e anima a matéria, no caso, a mesa, de uma vida factícia, como se ela possuísse uma vida animal.

– Ele proporciona vida à mesa? – pergunta Nelma, deslumbrada com aquela explicação.

– Sim, digamos, uma vitalidade artificial, mas não inteligência. A inteligência é do Espírito desencarnado. Para vocês poderem visualizar melhor, imaginem que a mesa passa a ter uma vida como a de um braço, por exemplo. Imaginem que ela passa a ser como que uma extensão do Espírito, um apêndice a ele ligado e que ele pode movimentar da mesma maneira que move o seu próprio braço, ou seja, bastando que o queira.

– E quanto tempo isso pode durar?

– Essa vida é apenas momentânea e sua duração é muito relativa, ou seja, ela se extingue logo que a quantidade de fluido não seja mais suficiente para animá-la.

– E o médium, no meu caso, por exemplo – pergunta Nelma, – que imagino ter sido eu a doadora desse fluido, já que me encontrava aqui sozinha, não tenho que consentir nisso? Ou seja, não tenho que querer que esse fenômeno aconteça?

– Não. O Espírito desencarnado pode agir sem o conhecimento do médium doador desse fluido.

– E como esse Espírito sabe como realizar esse tipo de fenômeno?

— Na verdade, na grande maioria das vezes, ele não sabe como isso ocorre, assim como não temos necessidade de saber como os nervos de nosso corpo funcionam quando movimentamos um braço. Ele, simplesmente, quer agir dessa forma e o consegue quando um médium de efeitos físicos encontra-se nas imediações, em distância favorável para a consecução desse efeito. Mesmo essa distância é diferente para cada tipo de médium. Vou dar-lhes o exemplo de um acontecimento que li num livro: numa família ocorreu a desencarnação de uma senhora de idade e que era exímia pianista. Sua vida foi toda devotada a esse instrumento musical, praticando durante muitas horas por dia. Quando ela desencarnou, não se deu conta disso e continuou a habitar aquele lar como se nada tivesse acontecido, vivendo como se vive num sonho, num estado de torpor. Acontece que a empregada doméstica daquela casa possuía esse tipo de mediunidade e era freqüente ouvir-se o piano tocar em várias horas do dia.

— As teclas se movimentavam? — pergunta Nelma.

— Sim, e todo esse fenômeno parou de acontecer quando essa empregada, assustada com o fato, pediu a conta e foi-se embora, ou seja, a médium afastou-se do local. Mas o mais importante que quero que entendam é que essa pianista não sabia como provocar esse fenômeno. Apenas aproximava-se do piano e dedilhava por sobre as teclas, imaginando-se encarnada ainda. A sua vontade, combinada com a mediunidade da empregada, levava a efeito o fenômeno sem que ambas disso se dessem conta.

— Mas houve a vontade do Espírito da pianista — comenta Eolo.

— Sim, ela queria tocar o piano.

— No caso da penteadeira... — fala Nelma em tom interrogativo.

— Ocorreu a mesma coisa que pode ocorrer com as mesas girantes.

— E quanto aos estalidos e, mais precisamente ao som dos passos? — pergunta Nelma.

— Ensina-nos *O Livro dos Médiuns*, de Allan Kardec, que quando um Espírito age sobre a matéria, movimentando-a, nós o percebemos através da luz que nos dá a visão do movimento e que, quando bate, o ar nos traz o som. No caso dos estalidos e sons, ele age diretamente sobre o ar, movimentando-o e sabemos que é a movimentação do ar que nos traz o som até os nossos ouvidos. Quanto ao som dos passos, a entidade espiritual desejou que os sons de seus passos fossem ouvidos e o que aconteceu? Com o auxílio do fluido animalizado do médium fez com que o deslocamento do ar, através de seus passos, realmente ocorresse e por isso foi ouvido. E no que diz respeito ao fogão, ele girou o botão do gás e deve ter apertado o botão de ignição automática dele. O seu fogão possui acendedor automático?

— Sim — responde Eolo.

— E com os copos, foi a mesma coisa.

— Mas isso significa que se esse Espírito quisesse, poderia ou poderá, talvez, abrir o gás de nosso fogão quando estivermos dormindo e matar-nos a todos.

— De maneira alguma, Eolo.

— Mas como não?

— Não lhe seria permitido.

— Não?

— Não se esqueçam de que tudo o que ocorreu aqui hoje, podem ter certeza, foi com o consentimento do Plano Maior. Nenhuma entidade espiritual tem condições de abreviar a vida de nenhum Espírito encarnado. Podem ter certeza disso, a menos que um Espírito encarnado esteja com essa predisposição, com esse desejo. O que pode ocorrer, então, é que Espíritos que desejam prejudicar essa criatura, se unam a ela, incentivando-a a isso, mas não podem, de maneira alguma provocar esse tipo de acontecimento, sem que a pessoa assim o deseje. No caso em questão, obviamente, não haveria perigo.

— E o senhor acha que tudo isso possa ter acontecido, ou melhor, ter sido permitido, para me chamar mais a atenção para a Doutrina?

— Pode ter plena certeza disso. Com as qualidades que você detém, nada de mal poderia lhe acontecer.

— Diga-me uma outra coisa, Léo.

— Pois não, Nelma.

— Existe alguma maneira de eu perder esse tipo de mediunidade? Digo isso porque, na verdade, esses fenômenos são muito assustadores e não sei se tenho condições de conviver com eles.

— Nelma, a mediunidade de efeitos físicos, cuja existência não pode ser negada por você, é uma mediunidade involuntária, geralmente independente da vontade e mesmo do conhecimento do médium. Por tudo que já estudei, vejo apenas duas providências a serem tomadas quanto ao seu caso, já que você não poderá livrar-se dessa faculdade pela sua vontade.

— E que providências são essas?

— Em primeiro lugar devo dizer-lhe que nada acontece por acaso, e o fato de você ser uma médium só pode ter uma grande razão. Por esse motivo, aconselharia você, Nelma, a dedicar-se ao estudo da Doutrina Espírita e, caso venha a identificar-se com seus ensinamentos, passe a colocar a sua mediunidade a serviço do Bem. Pode ter certeza de que o Plano Maior se incumbirá de colocar o trabalho em suas mãos. Dessa maneira, poderá vir a transformar sua mediunidade involuntária em facultativa, ou seja, sob o controle de sua vontade, nos momentos adequados e, principalmente, sob o controle dos Espíritos que sempre estarão ao seu lado no trabalho em prol de nossos irmãos mais infelizes. Entende?

— Entendo.

– E pode ficar tranqüila que nossos irmãos maiores não permitirão que nada de mal aconteça a você ou a qualquer outra pessoa por força de sua faculdade medianímica. E pode ocorrer também, Nelma, que, como você mesma disse, seja apenas uma maneira de lhe chamar mais a atenção para a Doutrina e que esse tipo de fenômeno não mais volte a ocorrer.

– Agora, Léo, gostaria de lhe contar a experiência que tive hoje na montanha.

– Você voou hoje?

Eolo conta, então, ao Léo e a Nelma tudo o que lhe acontecera naquele dia: a sensação de mal-estar, as visões, sua conversa com Rubens após a prece, o vôo e o novo contato com aquele Espírito e sobre tudo o que ele lhe explicou.

– Uma experiência bastante interessante, Eolo. Quanto às visões, também tenho a lhe dizer o que Rubens lhe disse: não dê a elas muita importância.

– Mas pode ser uma lembrança do passado?

– Não saberia lhe dizer, mas e se fosse? Quem de nós não errou ou não causou algo de ruim em nossas vidas pregressas? É por isso que nos encontramos aqui hoje. E você se encontra num caminho bem correto e na direção certa. Não se preocupe com isso. E gostei muito das explicações que Rubens lhe deu a respeito da felicidade e da sensação de liberdade.

– Sabe – diz Nelma –, estou mais tranqüila agora, porque, depois do que Eolo contou sobre os acontecimentos de hoje na montanha, percebo que estamos bastante protegidos e sinto uma grande confiança na prece feita com o coração.

– Você tem toda a razão em pensar assim, Nelma – diz Léo – Bem, meus amigos, agora que está tudo bem, vou para casa e espero vocês amanhã no Centro.

– Estaremos lá, Léo, e Deus lhe pague por tudo.

– Agradeçam a Deus e aos bons Espíritos.

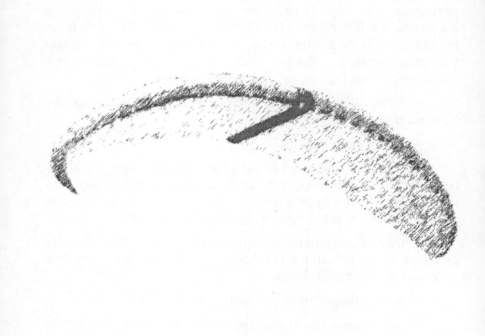

No Centro Espírita

São sete e trinta da noite de segunda-feira e Eolo e Nelma já se encontram sentados no auditório do Centro Espírita, aguardando o momento de se iniciarem os passes. Enquanto isso, assistem a uma preleção que um trabalhador da Casa profere como preparação para receberem os benefícios da troca de energia. Às oito, pontualmente, uma senhora começa a chamar as pessoas ali presentes, oito de cada vez, para entrarem numa sala onde oito pessoas, denominadas de passistas, ali se encontram postadas ao lado de oito cadeiras. Eolo, Nelma e as outras seis pessoas sentam-se nas cadeiras e a porta é fechada. Uma fraca lâmpada ilumina o ambiente e linda música em baixo volume sai de um aparelho de som. Enquanto uma nona pessoa profere uma prece, rogando pelos presentes, as outras, de frente para as que se encontram sentadas, colocam as mãos por sobre a cabeça de cada uma, mas sem tocá-las. Eolo e Nelma, solicitados pelos passistas, cerram os olhos e procuram mentalizar a figura de Jesus e uma suave luz a iluminar o ambiente. Quando termina o trabalho, recebem um pequeno copo com água fluidificada, cujos fluidos ali foram depositados pelos Espíritos responsáveis por aquela tarefa.

Eolo e Nelma voltam a sentar-se no auditório e, quando termina todo o trabalho, Léo e Mara vêm ter com eles.

— Então, sentem-se bem?

— Muito bem, Léo — responde Eolo — Sinto-me como se tivesse tomado uma injeção.

— Uma injeção? — pergunta Mara, curiosa pela comparação feita.

— Sim. Uma injeção de muito ânimo.

— Meu Deus! — brinca Nelma — Mais animado que você é!

— De verdade. Sinto-me como que tomado por um grande entusiasmo e confiança.

— Eu também sinto isso — concorda Nelma, agora séria.

— Você poderia me explicar como funciona o passe, Léo?

— Com muito prazer. Sentem-se aqui.

Os quatro sentam-se ao redor de uma mesa e Léo começa a explicar:

— Você deve ter uma idéia a respeito da corrente elétrica, não, Eolo?

— Sim. Cheguei a estudar um pouco de eletricidade e eletrônica.

— Pois isso vai ser muito bom para o seu entendimento. Você sabe que quando uma corrente elétrica percorre um fio condutor, ao redor desse fio forma-se um campo eletromagnético, certo?

— Correto. Inclusive enrolando-se esse fio como uma espiral, aumentamos esse campo. São as bobinas, muito utilizadas em aparelhos eletrônicos.

— Ontem à tarde, lhe falei que tudo o que existe é formado pelo fluido universal, não foi?

— Sim.

— Agora, complementando o que já lhes expliquei, nós, Espíritos encarnados, possuímos um corpo mental, um perispírito e um corpo carnal, e todos são constituídos por átomos que, por sua vez, são constituídos por elétrons, prótons, nêutrons e outras partículas que já estão sendo descobertas. Inclusive, se você quiser se aprofundar um pouco mais, verá que nossas próprias células, que formam todo o nosso corpo e que também são constituídas por átomos, possuem em sua membrana plasmática, diferença de potencial que nada mais é do que eletricidade. Dessa maneira, pode imaginar também que o sangue, constituído por células eletricamente carregadas, percorrem todo o nosso corpo através de veias, vasos e artérias, como se fosse a própria eletricidade a percorrer um fio. Nossos neurônios, que também percorrem todo o nosso corpo, também são carregados eletricamente. Dessa forma, como todos esses nossos corpos são constituídos dessa maneira, é evidente que, com toda essa movimentação eletrônica, formam-se em todo o nosso redor, assim como no fio condutor, vibrações eletromagnéticas. É o que comumente é chamado de Aura.

– Li, certa feita, que existe uma câmera fotográfica, chamada Kirlian, que fotografa essa Aura e que, conforme o nosso estado mental, possui determinada forma e cores.

– Isso mesmo. Quando estamos bem, estamos tranqüilos, essa nossa Aura possui um equilíbrio em sua vibração, haja vista que tudo possui vibrações nesta vida, como se fossem ondas. Quando estamos mal, em termos de saúde física ou emocional, essa Aura passa a ter vibrações desencontradas e desequilibradas. E, tanto essas vibrações desequilibradas ou equilibradas, vão agir no ambiente em que vivemos, chegando, inclusive, a atingir a Aura de outras pessoas, desequilibrando-a ou equilibrando-a, dependendo, obviamente, do grau de elevação dessas pessoas envolvidas.

– É por isso que, muitas vezes, nos encontramos com pessoas que, pela simples presença, nos fazem sentir um certo desconforto ou, então, uma sensação de muita paz?

– Você entendeu muito bem.

Léo, então, faz pequena pausa e continua:

– E o passe atua reequilibrando a Aura que, por sua vez, reequilibrará o perispírito e, por conseqüência, o corpo físico, através de centros de força. Cada um desses centros de força está intimamente ligado a determinados órgãos de nosso corpo. Os passistas, então, através da oração, podem fazer com que, à sua aproximação, energias tonificadoras lhes saiam das mãos em direção às pessoas necessitadas, reequilibrando novamente a Aura daqueles que estão com ela em desequilíbrio. Na verdade, esses médiuns recebem essas energias dos Espíritos incumbidos desse trabalho, através do centro coronário, localizado no alto de suas cabeças. Evidentemente que qualquer pessoa que receba um passe deve, em seguida, aproveitando essa verdadeira "injeção" de ânimo e bem-estar, procurar detectar e modificar certas atitudes físicas ou mentais para que possa sarar e não mais voltar a ter problemas de desequilíbrio ou de dor. E a receita para isso é muito simples: seguir os ensinamentos de Jesus.

– Muito boa sua explicação, Léo, e muito cheia de lógica.

– Agora, o passe pode também ser dado apenas com boas vibrações, com os bons pensamentos daqueles que cercam a pessoa necessitada e também por atitudes que tornem a vida dessa pessoa bastante tranqüila. Uma mãe ou um médico à cabeceira de um filho ou de um doente, se com o coração voltado para o amor em direção ao paciente, já lhe estará ministrando um passe. Entendem?

– Entendo, sim, Léo, e vou procurar estudar mais sobre o assunto. A propósito, o Espírito Rubens falou-me a respeito da reencarnação como uma maneira de se transformar o ódio em amor.

– Sim. Nós, Espíritos que somos, depois da morte de nosso corpo físico, certamente retornaremos, reencarnando novamente aqui na Terra em outro corpo e quantas vezes forem necessárias, para que aprendamos a não praticar mais o mal, mesmo que tenhamos que sofrer desse mesmo mal para aprendermos.

– Eu não me lembro de nenhuma vida anterior a esta.

– É lógico. Deus nos dá a dádiva do esquecimento do passado, senão seria impossível vivermos juntamente com as pessoas com quem temos débitos a resgatar. Você já pensou como seria difícil ou, até mesmo, impossível, convivermos com uma pessoa sabendo que ela nos fez um grande mal em outra vida, ou, pior ainda, se ela soubesse o mal que lhe fizemos?

– Realmente, seria difícil.

– Vou lhe dar um exemplo: imagine que uma pessoa tenha um ódio muito intenso por outra, por causa de algo ruim que ela lhe causou. Quando ela estiver sem o corpo físico, esse ódio continuará e como seria a melhor maneira de livrar-se desse ódio que tanto a faz sofrer, porque, na verdade, o ódio traz muito sofrimento às pessoas? Apenas trocando esse ódio por amor.

– Rubens deu-me um bom exemplo, mas gostaria que me falasse mais um pouco sobre o assunto.

– Muito bem, vamos imaginar que você tenha um ódio muito grande por alguém. Que depois de desencarnados, você reencarne, cresça, se case e tenha um filho e que esse seu filho seja essa pessoa, esse Espírito a quem você tanto odiava. É lógico que não sabendo que esse seu filho era aquele mesmo Espírito a quem você tanto odiava, o que vai acontecer? Você vai amá-lo desde pequenino, vai vê-lo crescer, vai educá-lo e, se um dia, quando liberto da matéria, vier a saber que ele foi no passado aquele Espírito que tanto mal lhe fez, não vai mais conseguir odiá-lo, porque já trocou esse ódio pelo amor. Entendeu?

– Sim.

– E vou lhe explicar mais uma coisa: existem casos em que o Espírito reencarna numa situação muito difícil, às vezes, doente, com graves defeitos físicos, ou contrai doenças muito dolorosas, também como uma dádiva de Deus, porque é a única maneira de se livrar de tantos inimigos que contraiu numa vida passada.

— Como assim?

— É muito simples. Se esse Espírito está sofrendo uma atroz perseguição por parte de seus inimigos e contrair uma doença, uma situação tão difícil de vida, esses seus inimigos acabarão sentindo uma espécie de pena dele, mesmo porque, ele sofre tanto que não têm o que fazer com ele. E você sabe que a compaixão é o início do perdão e do amor. Agora não se pode generalizar sobre isso, quer dizer, não podemos dizer que todos os doentes ou paralíticos ou estropiados possam estar passando por isso. Muitas vezes, esses infelizes são Espíritos mais elevados que para aqui vêm nessa situação com a finalidade de auxiliar muitas pessoas, ensinando através de seus exemplos de conformação e confiança em Deus.

— Rubens também falou-me sobre essa possibilidade. Agora, fale-me alguma coisa a respeito da vidência. Você me disse que nem sempre vê coisas agradáveis. Que muitas vezes visualiza coisas muito feias.

— Isso é verdade, Eolo. Muitos Espíritos ligados ao crime e à maldade, quando desencarnam, seu perispírito é visto bastante modificado quanto aos conceitos de beleza que conhecemos. Possuem formas, muitas vezes, horrendas, retrato de seus pensamentos e sentimentos inferiores. Na espiritualidade, não conseguimos esconder o que realmente somos. Aqui, no plano material, conseguimos dissimular muito bem o nosso verdadeiro íntimo, mas no "lado de lá", não. Existem casos, também, de Espíritos voltados ao mal que propositadamente se apresentam com formas assustadoras, plasmadas por eles mesmos, pela própria força do pensamento, para causarem horror àqueles que os encontram. Também reúnem-se em bandos para fazer o mal e habitam locais tenebrosos que denominamos de umbral, fruto de seus pensamentos profundamente inferiores.

— Umbral?

– Sim. Pela descrição dos Espíritos, são locais de atmosfera pesada, sufocantes mesmo, onde a luz solar encontra-se bastante ofuscada pelos grossos gazes que ali existem. Muitos desses locais possuem despenhadeiros muito profundos, cavernas sombrias, e até mesmo cidades e fortalezas onde legiões do mal ali se impõem e imperam sobre outros Espíritos infelizes e sofredores, vítimas de suas próprias consciências.

– E como e quando conseguem sair desse local?

– Assim que, após sofrerem, apegados que ainda se encontram à vaidade, ao orgulho e ao ódio e, arrependidos, rogam o auxílio do Alto, de Deus, de Jesus.

– E como isso se opera?

– Existem equipes socorristas de Espíritos do Bem que atendem a esses chamados e os resgatam desses lugares e os levam para colônias de socorro e atendimento fraterno onde, na maioria das vezes, são internados em hospitais para refazimento das energias, dos perispíritos e das próprias mentes doentias.

– E, geograficamente, onde se localizam esses umbrais e essas colônias?

– Digamos que aqui mesmo, Eolo, mas em outra dimensão. Aqui, mais acima ou mais abaixo da Terra.

– Meu Deus, tudo isso é impressionante e, não fosse a lógica e a justiça divina por trás de tudo isso, seria difícil acreditar. E quanto a essas legiões?

– São Espíritos muito revoltados que, possuidores de grande poder mental e de liderança, conseguem imperar sobre os mais fracos e tudo fazem para impedir que movimentos voltados para o Bem tenham sucesso, principalmente, os de cunho espírita. Esses Espíritos rebeldes, quando encarnados, eram, em sua maioria, religiosos que, detendo a confiança dos seguidores e adeptos de suas igrejas e pensamentos, não colocaram em prática os ensinamentos de Jesus sendo que, muito pelo contrário, utilizaram-se de suas posições para explorar a ingênua fé e confiança dos simples e humildes devotos, atendendo aos próprios anseios de poder e luxúria. Mesmo assim, acreditavam que, pelo fato de terem sido eleitos representantes de Deus pelas convenções dos homens, encontrariam, após a morte do corpo físico, uma recepção à altura de suas vaidades e que no paraíso por eles imaginados, viveriam por toda a eternidade. E qual não é a surpresa que têm quando, ao deixar o plano material, nenhuma figura angelical os aguarda, sendo que apenas a terrível zona umbralina os acolhe. Revoltam-se, então, contra Deus, unindo-se uns aos outros e, a exemplo de milhares de associações desse tipo, fundam uma legião, prestando-se todos à missão de desacreditar muitos Espíritos encarnados, a respeito dos ensinamentos de Jesus, incitando-os ao mal, Espíritos que, quando para o plano da verdadeira vida retornam sem a vestimenta física, são por eles julgados, supliciados e transformados em escravos a serviço do mal. Atualmente, como é comum ocorrer, essa legião, a exemplo de muitas outras, encontra-se vinculada a um alto comando do mal.

– Meu Deus! Mas isso é assustador! – exclama Eolo, bastante impressionado.

– Mara me falou a respeito de uma cidade denominada "Nosso Lar", descrita pelo Espírito André Luiz, num livro ditado por ele e psicografado pelo médium Francisco Cândido Xavier – diz Nelma.

– Isso mesmo. Essa cidade é a que André Luiz nos descreve no livro de mesmo nome, "Nosso Lar", que indiquei para lerem. Vocês encontrarão também, no livro "Cidade no Além", desenhos e planta baixa dessa cidade e de algumas de suas edificações, além de outras do livro "Imagens do Além".

– E quem as desenhou?

– Foi uma médium, Heigorina Cunha, que, guiada pelo Espírito Lucius, durante o sono do corpo físico, visitou-a diversas vezes e, retornando, procurou desenhá-las, da maneira como se lembrava e, o mais importante, é que esses desenhos e plantas foram confirmados pelo médium Francisco Cândido Xavier que foi quem psicografou as obras do Espírito André Luiz.

– Dona Heigorina visitou essa cidade durante o sono? – pergunta Otávio.

– Sim, meu amigo. Durante o sono físico, nós, Espíritos que somos, libertamo-nos, temporariamente, de nosso corpo físico e entramos em contato com o mundo espiritual, onde podemos entrar em comunhão com boas e bem intencionadas entidades ou com más e mal intencionadas criaturas, dependendo de nossa índole e intenções. Esse desprendimento é denominado no Espiritismo de emancipação da alma.

– E por que não nos lembramos?

– Nesse momento, encontramo-nos parcialmente desligados do corpo, possuindo, apenas, um fio de luz que nos mantém presos a ele. Não nos lembramos do que nos acontece porque geralmente nos vêm à memória apenas cenas e acontecimentos de um sonho com informações contidas no cérebro material e que são liberadas nesse nosso estado de adormecimento. Agora, muitas vezes, trazemos alguma lembrança dessa nossa viagem espiritual, através de idéias ou sonhos que nos surgem, ou mesmo de cenas e lembranças um pouco confusas, mas que quase sempre norteiam os nossos passos para o Bem ou, como já disse, para o mal. Na verdade, às vezes, nos recordamos vagamente de nossas atividades extra-corpóreas, porém, são lembranças embaralhadas, digamos assim, com as imagens do sonho cerebral, mais ligadas à vida cotidiana. São raros os casos em que um Espírito consegue lembrar-se total ou quase totalmente dos acontecimentos do Plano Espiritual. Todas essas diferenças entre os diversos tipos de lembranças estão condicionadas à elevação moral do Espírito ou da necessidade de que isso aconteça. Por isso, é muito importante uma oração antes de dormirmos, solicitando o amparo dos Espíritos bons e amigos. Agora, existem casos de pessoas que se lembram, perfeitamente, do que viveram, em

Espírito, durante o sono. É o caso de nossa médium Heigorina Cunha.

— Mas, nessa cidade, os Espíritos podem se tocar e existem casas com paredes, como aqui? — pergunta Eolo, entusiasmado.

— Sim, meu amigo, na verdade, os Espíritos tocam-se e essa cidade é muito melhor e mais adiantada que as nossas, já que, como lhe disse, o nosso plano é uma cópia do "lado de lá". E vivem em família, como aqui, onde estudam, trabalham, possuem casas para morar, roupas, alimentos.

— Não acredito...

— Pois pode acreditar.

— Oh, desculpe-me, foi apenas uma maneira de expressar a minha estupefação.

— Não precisa ficar estupefato. Veja bem: a vida não termina com a morte, certo?

— Sim.

— Você deve concordar, também, que nós não temos condições de, assim que desencarnarmos, virarmos criaturas angelicais, correto? A morte do corpo físico não opera milagres e continuamos a ser o que sempre fomos e, enquanto não tivermos condições de galgar para mundos superiores, não podemos ficar sem o nosso prato de comida e uma roupa a nos cobrir o corpo. Portanto, o trabalho é muito intenso nesse plano, existindo serviço para todos. Não se esqueça, meu irmão, que a vida não dá saltos e precisamos ter muita paciência e abnegação nessa nossa caminhada evolutiva e que os Amigos Espirituais estão nos auxiliando, sempre, em todos os lances desse nosso trajeto. Aliás, gostaria de falar-lhe alguma coisa, também, a respeito da prece, que você disse ter lhe auxiliado muito.

— Fale-me, sim.

— Os Espíritos Superiores nos ensinam que devemos ter a humildade de pedir auxílio quando realmente necessitados e, para isso, temos um canal de comunicação que se chama prece, cujo meio de irradiação se opera através do fluido universal, assim como as ondas sonoras se propagam através do ar. Dizemos mais: a prece sincera sempre encontrará um coração amigo que virá em nosso socorro, o qual devemos saber detectar, pois o que pode nos parecer ruim, hoje, pela nossa estreita compreensão, sem dúvida alguma, significa o melhor para a nossa evolução espiritual.

Permanecem por mais algum tempo conversando até que Eolo se despede:

– Bem, Léo, penso que está na hora de irmos. Que Deus lhe pague por todos esses ensinamentos.

– Não me agradeça. Nada mais fiz que a minha obrigação. Só que antes de irem, por favor, venham até a minha sala. Vou lhes arrumar alguns livros.

Dizendo isso, Léo entrega para Eolo e Nelma alguns livros do Espírito André Luiz, os de Heigorina Cunha e *O Evangelho Segundo o Espiritismo*, compilado por Allan Kardec.

– Sempre que estiverem com alguma dificuldade na vida, Eolo e Nelma, abram este Evangelho e o leiam. São os ensinamentos de Jesus.

– *O Evangelho Segundo o Espiritismo*? – pergunta Nelma, interessada.

– Sim. Vocês verão na introdução desse livro que os Evangelhos dividem-se em cinco partes: os atos comuns da vida de Cristo, os milagres, as profecias, as palavras que serviram para o estabelecimento dos dogmas da Igreja e o ensinamento moral. As quatro primeiras ainda são objeto de controvérsias, mas a quinta mantém-se inatacável porque é a essência dos ensinamentos de Jesus e que leva o homem a regras de conduta. E como a leitura do Evangelho é para muitos ininteligível, Allan Kardec compilou explicações de vários e diferentes Espíritos, também de diferentes partes do mundo e por intermédio de médiuns distintos, o que torna a obra por demais aceita, já que não saíram essas instruções de uma mesma fonte e, sim, de diversas.

– Mais uma vez, muito obrigado, Léo. Iremos estudar estes livros.

– Leiam e tirem as suas conclusões. E não se esqueçam: eu e Mara estaremos sempre à disposição de vocês para quaisquer esclarecimentos que pudermos fornecer-lhes.

– Uma boa noite para vocês – despedem-se Eolo e Nelma.

A reunião mediúnica

— E, então, Telmo? – pergunta Breno ao Espírito – Teve sucesso com a mulher de Eolo?

— Sucesso eu tive e consegui assustá-la sobremaneira.

— Já entendi. Você a levou a um estado de terror para que nunca mais tenha vontade de se envolver com essa Doutrina, não é?

— Isso mesmo. Ao perceber que ela possui dotes mediúnicos de efeitos físicos, não tive dúvida e apelei para um companheiro que possui essa especialidade.

— E ela ficou bastante amedrontada?

— Ficar, ficou, só que...

— Só que o quê, Telmo?! Não vá me dizer que falhou novamente!

— Já lhe disse que não falhei! Acontece que apareceu esse tal de Eolo e ele tem uma ligação muito forte com os "das luzes" e conseguiram nos colocar à distância. Depois apareceu um outro de nome Léo e aí conseguiram tirar a mulher do estado de choque em que eu a deixei. E não pude fazer mais nada.

— Maldito Léo! Essa figura já estragou muitos planos meus,

inclusive, tirando-me muitos de meus colaboradores! Ainda vou acertar as contas com ele! Maldito!

– E ainda participaram ontem de uma reunião no Centro Espírita desse "cara"!

– Participaram de uma reunião? E que tipo de reunião?

– Aquela em que não nos permitem entrar.

– Magnetizadora?

– Essa mesmo.

– E na saída? Não conseguiu aproximar-se deles?

– Nem pensar. A proteção deles é grande demais.

– Será que a proteção deles é grande demais ou você que é um tremendo de um incompetente, heim, Telmo?!

– Não sou incompetente! – berra, furioso, o Espírito – E se você acha que é tão competente assim, porque não cuida sozinho do caso?! Por que me chamou?!

– Pois eu vou lhe mostrar, Telmo! Eu vou lhe mostrar como sou capaz de tirar desses dois essa maldita idéia de Espiritismo! Você vai ver! Terá notícias!

E dizendo isso, Breno e seus asseclas se afastam.

– E Romão e Emídio terão que trabalhar direito ou terão o que merecem! – continua a berrar Breno – Vão atrás daqueles dois e tragam-nos aqui!

Nesse momento, Breno encontra-se numa fortificação sob sua responsabilidade em zona umbralina e teme ser cobrado a qualquer momento pelo grande chefe da legião a que pertence.

– Preciso fazer alguma coisa! Tenho que derrotá-los!

Algum tempo se passa e Romão e Emídio são introduzidos em seus aposentos.

– O que quer de nós, Breno? – pergunta Romão.

– O que fizeram até agora?! O que pensam que estão fazendo?! Onde estavam quando Eolo libertou sua esposa do forte temor que Telmo lhe estava impondo, heim?! Onde estavam?!

Romão olha para Emídio em notado sinal de ignorância desse fato.

– Estávamos na montanha – responde Romão, sem perceber que, realmente, havia falhado, pois não seguira Eolo quando este fora embora após ter efetuado o vôo naquele domingo. Chegou, inclusive, a ver Haroldo que o levara para apanhar o seu veículo e deixara-se ficar ali, na verdade, inebriado com o cenário.

– Fazendo o que na montanha?! Por que não acompanharam Eolo quando este foi embora para casa?!

– Bem... não sei...

– Não sabe?! Só isto que você sabe me dizer?! Que não sabe?! Não lhe dei uma missão, Romão?!

– Sim, mas...

– Não me venha com "mas", Romão! E você, Emídio? Porventura seria capaz de me explicar o que ficaram fazendo na montanha?!

– Também não sei explicar, Breno – responde o outro, não parecendo nem um pouco amedrontado, haja vista que até gostara de ver Romão entretido com a paisagem e com o seu sonho de voar, enquanto Eolo partia. Na ocasião, até chegara a pensar que Romão estava se esquecendo um pouco da vingança a que se propusera.

– Também não sabe explicar! Querem voltar para o local de onde vieram?!

– Não, Breno! – berra Romão – Isso não! Dê-nos mais uma chance.

— Então, retornem imediatamente e façam alguma coisa! Utilizem todo o ódio que têm em seus corações! Não posso mais permitir falhas! Ou minha cabeça irá rolar e as suas também! Isso eu prometo!

— Vamos, Romão. Vamos sair logo daqui — pede Emídio, bastante preocupado pelo irmão.

Romão e Emídio são levados de volta à crosta e abandonados defronte da casa de Eolo. O portão da residência se encontra aberto e os dois entram até o alpendre e sentam-se no chão. Romão parece muito cansado e Emídio aproveita para falar-lhe tudo o que pensa.

— Romão, quero lhe dizer uma coisa, mas, por favor, preste bastante atenção em minhas palavras.

— O que é Emídio? — pergunta o irmão, visivelmente abatido.

— Gostaria que pensasse bem em tudo o que está nos acontecendo. Há muito tempo vimos mantendo esse ódio no coração, na esperança de um dia nos vingarmos de Eolo, não é?

— Sim — limita-se a responder.

— Agora, gostaria de lhe fazer uma pergunta: o que irá acontecer conosco quando conseguirmos realizar o nosso intento, ou seja, de alguma forma, vingarmos a morte de nosso pai? Na verdade, nem sabemos ao certo o que devemos fazer para que Eolo sofra o tanto que gostaríamos que sofresse. Mas, partamos da hipótese que conseguíssemos. E depois?

— Depois o quê, Emídio?

— E depois que conseguíssemos efetuar essa nossa vingança? O que seria de nós?

— Como assim, Emídio? Não podemos parar agora. Vimos ansiando por esse momento desde que desencarnamos também.

– Tudo bem, mas você não respondeu à minha pergunta: e depois?

– Estaríamos vingados!

– Certo, mas torno a perguntar: e depois?

– Depois, não sei - responde Romão, laconicamente.

– É nesse ponto que quero chegar, Romão. Depois, ficaríamos à mercê de Breno. Seríamos escravizados por ele. Teríamos que trabalhar para ele, para os seus fins maléficos. Faria com que ficássemos a praticar o mal. E, por acaso, você tem intenção, você tem vontade de fazer o mal para pessoas inocentes a quem nem conhecemos?

Romão fica a pensar e responde, sem muita convicção:

– Teríamos que fugir para algum lugar, Emídio. Bem longe de Breno.

– E você pensa que seria fácil? Você acha que com a nossa índole, apesar do ódio que temos para com Eolo, não seríamos presa fácil de uma outra facção do mal?

– Onde você quer chegar, Emídio?

– Que estamos totalmente errados, Romão. De que nos adiantará prejudicar Eolo?

– Não sente mais ódio no coração, Emídio?! Seria capaz de quebrar o juramento que fizemos no túmulo de papai, prometendo vingá-lo? Seria capaz de esquecer que fomos mortos pouco tempo depois porque estávamos tentando assassinar Eolo? Esquece-se de que foram homens do pai dele que nos mataram naquela emboscada quando estávamos tentando entrar em sua casa?

– Preste atenção, Romão. Quem é Eolo, hoje? Você consegue ver nele aquele Ézio de nossa juventude? Ele está tão mudado, Romão. Além do mais, apenas o vejo, hoje, culpado no passado pelo que aconteceu. Mas apenas culpado. Ele não quis matar papai. Na verdade, e não podemos deixar de aceitar essa verdade, tudo não passou de uma grande tragédia. Você acha que ele sofreu pouco com tudo aquilo? Acha que ele queria matar o nosso pai?

– Não me interessa! Aconteceu tudo aquilo por causa da prepotência dele! Porque foi um teimoso!

– Pense bem, Romão. O que será de nós, depois?

Romão abaixa a cabeça e fica pensativo. Emídio, por sua vez, que há já algum tempo não mais se interessava por essa vingança, amparado que vinha sendo por sua mãe, durante o sono, começa a enxergar o que se passa naquele momento. Bem à frente de Romão, Rubens e um grupo de Espíritos do Bem, iniciam um trabalho de vibrações por ele. Rubens encontra-se bem mais próximo e parece transmitir-lhe pensamentos e idéias novas. O semblante de Romão chega a alterar-se, desanuviando um pouco a fisionomia carregada, de alguém que sofre há muito tempo. E ali deixam-se ficar por muitas horas, naquele intercâmbio de vibrações, acabando por entrar em profundo sono restaurador. Ao anoitecer, sentem-se despertar com a saída de Eolo e Nelma da casa. É terça-feira e eles foram convidados a assistir a uma reunião mediúnica. Romão e Emídio, invisivelmente amparados por Rubens e os outros, seguem-nos até o Centro.

– Boa noite, Eolo. Boa noite, Nelma – cumprimentam Léo e Mara, após os trabalhos de passe – Sentem-se aqui na primeira fileira de bancos. Daqui a pouco iremos dar início à nossa reunião mediúnica.

– Obrigado, Léo – agradece Eolo, sentando-se, o mesmo fazendo Nelma.

Após uns quinze minutos de espera, a reunião tem início. Numa mesa comprida, sentam-se Léo, ao centro, Mara e mais doze pessoas, cinco homens e sete mulheres. No auditório, além de Eolo e Nelma, mais oito se encontram sentadas nos bancos. Alguém apaga as luzes, deixando apenas uma pequena lâmpada, bem fraca, acesa, podendo-se ver todos os presentes através da leve penumbra que se faz no ambiente. Léo, então, toma a palavra:

— Meus irmãos, vamos dar início aos trabalhos de hoje, com uma prece de abertura. Vamos elevar o nosso pensamento a Deus, nosso Pai, a Jesus, nosso Mestre e a tantos Espíritos de Luz já aqui presentes, rogando que nos abençoem e nos protejam em mais esta noite de trabalho. Que todos nós possamos abrir o nosso coração e captar as intuições e inspirações de nossos Amigos Espirituais para que o trabalho se revista de todo êxito possível. Vamos agradecer pela oportunidade que nos dão de tomarmos parte desta reunião, onde, além de participarmos do auxílio a tantos irmãos necessitados, também aqui muito aprendemos com todos esses exemplos de vida e, principalmente, com o amor desses Espíritos Superiores.

Aproveitemos também este momento, para rogar a Deus, nosso Pai, que todas estas luzes, todas estas vibrações possam, de alguma forma, serem levadas a todos os irmãos que procuram a nossa casa em busca de consolo e de um novo caminho. A todos os que soluçam e sofrem e que não tiveram ainda a felicidade de conhecer esta Doutrina maravilhosa que, além de nos confortar, reforma o nosso íntimo e ilumina os nossos corações. Que possam todos, sob a inspiração dos bons Espíritos, serem tocados e sentirem grande desejo de se voltarem para as coisas de Deus, para os ensinamentos de Jesus, que sabemos ser o melhor remédio para todos os males.

Ficam alguns minutos em silêncio e Eolo e Nelma passam a sentir a grande paz que reina no ambiente. Sentem-se muito bem ali. De repente, percebem que um senhor, sentado à mesa, começa a balbuciar algumas palavras ininteligíveis e Léo começa a dialogar com ele. De pronto, por tudo o que leram, já percebem que se trata de um Espírito a comunicar-se através daquele homem que lhe serve como médium.

— Seja bem-vindo, meu irmão. Que a paz de Jesus invada o seu coração. Estamos todos aqui em nome de Deus e de Jesus e queremos muito auxiliá-lo. Tenha muita calma e fale conosco. O que o aflige tanto? Percebemos que deve estar sentindo alguma dificuldade, mas rogamos a Deus que o ilumine para que possa conversar conosco. Tenha confiança em nós, meu irmão.

— Quem são vocês? — fala o Espírito, utilizando-se do médium para comunicar-se — Sinto muita dor no peito e preciso de um remédio urgente. Sinto que vou sofrer novo infarto. Pelo amor de Deus! Cadê o médico?! E as enfermeiras?! Ninguém me atende!

— Tenha calma, meu amigo — pede Léo — Nós vamos auxiliá-lo.

Percebe-se que o Espírito se encontra bastante confuso.

— Não estou conseguindo entender. Eu estava num hospital... agora estou aqui... o que está acontecendo comigo?

— Procure se acalmar e também procure lembrar-se do local onde se encontrava agora há pouco. Não era num hospital... — fala Léo, sob a inspiração de um Espírito, mentor da reunião.

— Realmente... eu estava em minha casa... mas ninguém falava comigo... pareciam não me ver... minha esposa, meus filhos... queria falar com eles... mas não me ouviam... E agora essa dor de novo no peito... o que está acontecendo...? Parece que estou tendo um pesadelo.

— Não, meu irmão, você não está tendo um pesadelo. Preste bastante atenção no que eu lhe falo. Repare bem neste local onde você se encontra agora e, principalmente, em seu corpo.

— ?

– Está percebendo que está falando através de uma outra pessoa?

– ?

– Preste atenção.

– Mas o que é isso?! Meu Deus! De quem é este corpo?! Não é o meu! O que está acontecendo?!

– Mais uma vez, peço-lhe muita calma. Abra bem os seus olhos e veja quem está ao seu lado.

– Ao meu lado?

– Sim. Está vendo?

– Não...

– Meus irmãos – pede Léo – vamos mentalizar um foco de luz sobre este nosso auxiliado. Um foco que desce do Alto em direção aos seus olhos para que se lhe possa abrir a visão do Espírito.

– Espírito?!

– Sim, Espírito. Meu irmão, procure ver. Abra bem os seus olhos. Veja.

– Meu Deus! – grita.

– Tenha calma. Muita calma.

– Mas é o Pedro. E ele já morreu!

– Ele não morreu, não, meu irmão. A morte não existe. O que aconteceu com ele foi apenas uma passagem para a verdadeira vida que é a espiritual. Foi o que aconteceu com ele e ele agora veio ao seu encontro, assim como outros Espíritos vieram ao encontro dele quando ele fez essa passagem.

– Mas você não está querendo dizer com isso que eu morri, não é?! – pergunta o Espírito, em desespero.

– Não, você não morreu e nem seu amigo Pedro porque, como lhe disse, a morte não existe. O que existe é apenas uma passagem para a verdadeira vida.

– Ele está sorrindo para mim e está me chamando e estou sentindo um grande sono. Mas não quero morrer! Não quero estar morto! Não quero passar para o lado da verdadeira vida! Por isso que meus familiares não atendiam aos meus chamados...?

– Preste atenção, meu irmão. Como já lhe disse, vou repetir: a morte não existe, porém esta passagem para o verdadeiro lado da vida é irreversível. Você já desencarnou há algum tempo e está sofrendo esse verdadeiro pesadelo porque, muito apegado à matéria e às pessoas, não conseguia visualizar o mundo espiritual. Então, foi trazido, a rogo desse seu amigo, até este trabalho mediúnico, para que, com o auxílio de nossas energias mais grosseiras, nosso fluido vital, pudesse enxergar e ouvir aqueles que querem auxiliá-lo. Sabemos que está sendo difícil para você essa nova situação, mas peço-lhe que se acalme e deixe-se envolver por essas vibrações de paz e amor que sente neste momento. Entregue-se aos cuidados desse seu amigo para que ele e outros Espíritos possam levá-lo a um local de refazimento. Lá será tratado convenientemente e inclusive esse corpo que carrega agora, seu perispírito, terá um tratamento adequado para recuperar-se de tantas seqüelas provocadas pela doença que o desencarnou. Lá poderá descansar e depois poderá entender e assimilar ensinamentos elevados que o farão compreender as verdades da vida e o tornarão apto a, no futuro, auxiliar àqueles a quem tanto ama. Vá com eles e que Deus o abençoe.

Ao término dessas palavras, o médium tem um ligeiro estremecimento e o silêncio volta a reinar na sala.

Nesse momento, Romão é trazido até próximo de um outro médium. Emídio permanece ao seu lado. Espíritos encarregados do processo da comunicação mediúnica preparam-no para se comunicar, mas antes de dar início, Romão fala a Emídio, apontando a figura de Léo:

– Emídio, olhe bem para esse homem. Desde que entramos aqui, não tenho conseguido tirar os olhos dele. Parece-me um tanto familiar. Veja seus olhos, principalmente o seu jeito de olhar.

– Também sinto a mesma coisa, Romão.

Nesse momento, o Espírito encarregado de aproximá-lo do médium, lhe fala:

– Você está certo, Romão. Vocês o conhecem muito bem. E nós vamos ajudá-lo a reconhecê-lo. Olhem bem para ele. Olhem bem para aquele que, nesta nova vida na carne, tudo tem feito em benefício do próximo e agora presta um grande auxílio a Eolo. Olhem fixamente para ele.

Romão e Emídio fazem o que o Espírito lhes pede e, aos poucos, sob a atuação dos mentores em suas mentes, um novo rosto lhes parece surgir no lugar da fisionomia de Léo, como se retornasse a um muito conhecido pelos irmãos que, em lágrimas não contidas, exclamam quase em uníssono:

– É papai! É papai!

– Não posso crer! Não posso crer!

– Olhe bem, Romão! - exclama Emídio.

– Isso não é um truque?!

– Você acha que nos prestaríamos a estar aqui a fazer truques em nome de Deus e de Jesus, Romão? – pergunta o Espírito.

– Mas é ele, sim! – grita Romão, visivelmente emocionado – É nosso pai, Emídio! É nosso pai!

– Vejam como é a vida – continua o Espírito – Vocês estavam querendo vingar a morte de alguém que no momento encontra-se interessado em auxiliar aquele a quem vocês tanto odeiam. Que culpa teve Eolo naquilo tudo, a não ser realizar um sonho maluco para aquela época? Vocês também não estavam metidos naquilo?

– Sim – responde Romão – Talvez estivéssemos nos sentindo culpados também e quisemos transferir esse sentimento de culpa apenas para Eolo.

– Você poderá falar com seu pai, agora, Romão, mas não poderá revelar nada a ele. Deixe que a dádiva do esquecimento continue a lhe favorecer sua encarnação.

– Concordo com isso.

– Pois bem, aproxime-se mais do médium. Vamos ajudá-lo na comunicação.

Em poucos minutos, o médium oferece sua passividade e Romão, chorando, fala aos presentes:

– Meus irmãos, que felicidade sinto nesta noite ao entender tantas coisas e tantos erros nos quais estive envolvido. Quantas lembranças e quantas elucidações. Por esse motivo, pouco tenho a falar-lhes a não ser agradecer por esta oportunidade de redenção. Sei que tenho limitações na minha fala, mas não poderia deixar de pedir perdão a uma pessoa que se encontra aqui presente. Que ela possa encontrar a sua felicidade nesta Doutrina dos Espíritos e que possa perdoar a mim e ao meu irmão, também aqui presente. Perdoe-nos, Eolo.

Nesse momento, Eolo sente enorme emoção e recorda-se das visões que teve na montanha.

– Devem ser aquelas duas criaturas que me ajudavam com aquela enorme pipa – pensa.

– Perdoe-nos, Eolo – insiste o Espírito.

E Eolo, agora amparado e inspirado por Rubens fala ao Espírito comunicante:

– Eu é que lhes peço perdão.

E agora mais envolvido ainda por Rubens, fala algo que nem entende direito o porquê. Na verdade, são palavras que lhes brotam da boca sem que tenha controle sobre elas nem sobre o seu pensamento:

– Peço-lhes perdão e os convido a irem comigo até a montanha, amanhã à tarde. Vocês dois. Se não puderam realizar os seus sonhos um dia, tudo farei para que consigam.

– Você fala a sério? – pergunta Romão, muito emocionado.

E Eolo, ainda mais envolvido, lhe responde:

– Realizaremos aquele antigo sonho.

Livre para voar

No dia seguinte, à tarde, três automóveis levam um pequeno grupo de pessoas até o alto da montanha: Eolo, Nelma, Léo, Mara, Haroldo, Carla, Ernesto, um dos médiuns videntes do Centro e sua esposa Alice. E um outro carro traz mais algumas pessoas que irão servir de apoio com suas vibrações. Eolo é o primeiro a chegar e, descendo do veículo, indica onde os outros devem estacionar. Reúnem-se num círculo e Eolo lhes indica o melhor lugar para se postarem, a poucos metros de onde irá decolar.

– Vou preparar o meu equipamento – diz Eolo.

– Pode ir – responde Léo – Enquanto isso, começaremos a nossa prece.

Eolo, então, auxiliado por Haroldo, descarrega o seu parapente do automóvel, estende-o no chão, alinha os tirantes, veste o macacão, o capacete, afivela a selete ao corpo e dirige-se até o grupo que, sentados ao chão, concentram-se na oração que Léo declina. Poucos minutos são transcorridos e Eolo ouve a voz de Rubens ao seu lado.

– Terá uma experiência diferente hoje, meu irmão.

– Rubens? – exclama alegre por ver o amigo espiritual.

— Seja bem-vindo — diz Léo que também o visualiza, assim como Ernesto que confirma a visão.

Rubens veste-se com o mesmo macacão branco e seu parapente já se encontra preparado, bem ao lado do de Eolo.

— Vamos aguardar alguns minutos — pede Rubens — Logo, logo, chegarão os dois Espíritos muito necessitados de renovação e você, Eolo, realizará antigo sonho deles.

— Foi você quem colocou aquelas palavras em meus lábios ontem?

— Fui eu, sim. Essas entidades possuem ligações muito fortes com um passado do qual você fez parte, apesar de que, como já lhe disse, não deve se preocupar. São tempos muito distantes e que pouco representam para você agora, tendo em vista todas as mudanças que já se operaram em seu íntimo.

— Entendo.

— Vejam. Já estão chegando.

Nesse momento, Eolo, Léo e Ernesto vêem aproximar-se duas entidades ainda trajando roupas de um tempo muito remoto, amparadas por vários Espíritos e por uma senhora que os abraça com muito carinho.

— É Matilde, a mãe deles — explica Rubens — Eles se chamam Romão e Emídio.

Quando Eolo ouve esses dois nomes sente algo diferente dentro de sua mente, como se já os tivesse ouvido muitas e muitas vezes, apesar de nada se lembrar. Apenas lhes parecem familiares, assim como suas fisionomias que, vagamente, recorda-se das visões que tivera. Léo, por sua vez, passa a descrever tudo o que vê aos presentes.

— Perdoe-me... — pede Romão, ajoelhando-se aos pés de Eolo que se emociona com aquilo, principalmente quando Emídio imita o irmão

— Perdoe-me também.

Eolo sabe que não conseguiria tocá-los, por isso nada tenta nesse sentido, apesar de sentir enorme vontade de abraçá-los e confortá-los.

– Você não pode imaginar a alegria que estou sentindo neste momento – diz, por sua vez, a mulher, mãe das entidades, com lágrimas nos olhos –, vendo-os novamente juntos agora, e, principalmente, sem ressentimentos por parte de meus filhos queridos.

Eolo percebe que deve ter causado algo de muito grave àqueles dois irmãos e, também, muito emocionado e com lágrimas nos olhos lhes fala:

– Por favor, levantem-se e sou eu quem lhes pede perdão. Felizmente, Deus me abençoou com o esquecimento de meu passado, e não me lembro de nada, a não ser por aquelas visões que tive, mas sinto-me devedor de vocês. Por isso, peço-lhes e à senhora, dona Matilde, que me perdoem.

– Considere-se também filho de meu coração, Eolo. Você que venceu tantas batalhas e que, tenho certeza absoluta, cada vez mais caminha em direção ao Bem. Hoje sinto-me muito feliz porque consegui fazer com que meus filhos compreendessem uma lição muito importante. Consegui fazê-los compreender que já vivemos muitas vidas e que tivemos que vivê-las todas para aprender e ter a consciência de que o ideal para se aproximar da felicidade é vivermos sem fazer o mal. E que teremos que viver ainda mais para aprendermos que poderemos encontrar muito mais felicidade que a que possuímos, não somente vivendo sem fazer o mal, porque há muito mais felicidade nos aguardando se vivermos fazendo o bem.

– Lindas palavras, dona Matilde.

– Um lindo ensinamento.

– Agora, Eolo, vamos àquilo que prometeu – diz Rubens.

– Vamos – responde e, levantando-se, encaminha-se para o parapente, seguido por Haroldo que o ajuda a conectar-se com o velame e prende, bem à sua frente, uma outra selete. O mesmo faz Rubens com o seu aparelho. E, então, algo inimaginável por parte de pessoas que desconhecem ainda os caminhos do intercâmbio entre os Espíritos encarnados e os desencarnados, ocorre ali.

    Auxiliado por outras entidades espirituais, Romão é colocado na selete vazia, presa à de Eolo e Emídio na de Rubens. Os olhos de Romão e Emídio brilham de felicidade. Eolo e Rubens, ao mesmo tempo, inflam o velame de seus parapentes e iniciam a pequena corrida em direção à beira da montanha, lançando-se ao ar, empreendendo suave vôo. Romão e Emídio se encantam com a paisagem e, principalmente com o vento a lhes tocar mansamente o rosto. Lembram-se da pipa feita com toscos galhos e tecido amarelado e lágrimas lhes vêm aos olhos. Sabem que, com a elevação moral de si mesmos, um dia poderão locomover-se volitando tranqüilamente para onde desejarem sem necessitarem do auxílio de aparelho algum, mas aquele momento, ali, junto a Eolo, se lhes oferece inebriante ventura. Romão olha, então, para Eolo e, com terno semblante, exteriorizando profundo agradecimento por aquele momento diz, mansamente:

    – Hoje sinto-me livre, meu amigo e irmão e antevejo vôos diferentes para mim e para Emídio. Vôos em novos conhecimentos, em novas venturas, em inebriante felicidade. Sim, graças a você, hoje, sinto-me livre.

    – Sim, Romão, graças a Deus, você está livre – diz Eolo – Livre... LIVRE PARA VOAR.

Este livro foi impresso em papel
Chamois Fine Marfim 75 gramas e
capa em Cartão Triplex Royal 250 Gramas.